Wadi Soudah

KAFKA und andere palästinensische Geschichten

Die Erzählungen Wadi Soudahs handeln vom Alltag im ländlichen Palästina, den Erfahrungen mit der israelischen Besetzung und dem Leben in der Fremde.
Wadi Soudah schreibt Geschichten zum Mitdenken – doch das Mitdenken macht Spaß. Es ist ein eigener Humor, der aus den Erzählungen spricht, wenn der Sohn zu seiner Mutter sagt: »Die Amerikaner sind auf dem Mond gelandet« und die Mutter listig antwortet: »Gelobt sei Allah, sie haben uns verlassen« – was sich allerdings als Irrtum herausstellt.
Westliche Einflüsse dringen überall vor und werden in der traditionsverhafteten palästinensischen Kultur auf oft verblüffende Weise aufgenommen: Muß man dem neuangeschafften Telefon wohl die Ohren reinigen, weil man die Stimme des Sohnes aus Deutschland so schlecht hört?
Neben Palästina wird Deutschland zum zweiten Handlungsort der Geschichten Wadi Soudahs.
In der autobiographischen Erzählung *Blutwäsche* berichtet er von seinen Erfahrungen als nierenkranker Ausländer mit dem deutschen Gesundheits(un)wesen. »Die Fremde, die Krankheit und die Tatsache, mit einer Waschmaschine verheiratet zu sein«, sagt Soudah, »trieben mich zum Schreiben.«
Wadi Soudah beherrscht die Kunst, Geschichten zu erzählen, den Wechsel von intensiver Nähe und ironischer Distanz.

Der Autor:
Wadi Soudah, 1948 geboren und aufgewachsen in einer vielköpfigen Schäferfamilie in Raffidia bei Nablus. 1969 bis 1977 Studium der Soziologie und islamischen Philosophie in Beirut. Lebt anschließend in Amman, Jordanien, und kommt 1979 in die Bundesrepublik, zunächst nach Heidelberg, dann nach Bielefeld, wo er sein Soziologiestudium fortsetzt.
Literarische Arbeiten in deutscher und arabischer Sprache. Veröffentlichungen in Anthologien und Zeitschriften. Arabischer Geschichtenerzähler.

Wadi Soudah

KAFKA
und andere palästinensische Geschichten

Brandes & Apsel

Auf Wunsch informieren wir regelmäßig über das Verlagsprogramm.
Eine Postkarte an den Brandes & Apsel Verlag,
Nassauer Str. 1-3, D–6000 Frankfurt a. M. 50, genügt.

CIP-Titelaufnahme der Deutschen Bibliothek

Soudah, Wadi
KAFKA und andere palästinensische Erzählungen / Wadi Soudah.
1. Aufl. - Frankfurt a. M. : Brandes und Apsel, 1991
(Literarisches Programm ; 22)
ISBN 3-925798-07-2
NE: GT

literarisches programm 22

1. Auflage 1991

Umschlagbild: Nabil Anani, *Memories – Palestinian Village*
Foto des Autors, Umschlagrückseite: Ute Möller, Bielefeld
Lektorat: Ute Möller, Bielefeld/Volkhard Brandes, Frankfurt a. M.
Druck: Fuldaer Verlagsanstalt, Fulda
Gedruckt auf säurefreiem und alterungsbeständigem Papier

ISBN 3-925798-07-2

Inhalt

Für Ute

Bei Sonnenuntergang

Im Sommer, wenn die Sonne rotleuchtend das Land wärmt, bekommen die Menschen glänzende Laune und ihre Gesichter fangen an zu lachen. Die große Sorge vom Winter, daß der Regen ausbleibt, ist verflogen. Endlich können die von der Last des Alltags gekrümmten Rücken etwas rasten. Besonders gut gelaunt aber sind die Männer, denn die Frauen sind ihnen gegenüber großzügiger als zuvor: Ab und zu gibt es sogar ein Frühstücksei, was in einer anderen Jahreszeit gar nicht denkbar wäre. Die Küche ist jetzt nicht mehr nur dem schönen Geschlecht vorbehalten, sondern öffnet sich auch dem Außenstehenden. Wo einst das Männervolk lautstark weggescheucht wurde, ist es nun willkommen. Das Wort *habibi* – Liebling – kostet nichts und beherrscht die Atmosphäre zwischen dem Nachbarn und der Nachbarin, dem Gefährten und der Gefährtin, dem, der einen Schnurrbart trägt und der, die vom Schnurrbart entzückt ist.

Und so ist es auch kein Wunder, daß aus allen Radios Liebeslieder schallen. Man möge die Japaner für diese Schöpfung belohnen! Und wie klein sie sie gemacht haben – man kann sie überall mit hinnehmen. Im »Wunschkonzert« finden Liebeslieder einen reißenden Anklang: »Feuer, Liebling, Feuer«, »Ich und mein Liebling und die Liebe ist das Dritte« oder »Ich liebe ihn auch im Streit« bestimmen das Programm. Nicht immer haben die Bauern so gute Laune. Doch es ist Mai, der Monat der Dichter und der Liebe. Unser Freund, der schon seit Sonnenaufgang hinter dem Pflug und den zwei Ochsen hergegangen ist, wartet nun in einer Nische im Berg auf seine Gazelle – so nennt er seine Frau.

Sie kommt immer kurz vor Sonnenuntergang, um ihm beim Holzsammeln und Tragen zu helfen. Müde ist er nicht, trotz des harten Tages, den er hinter sich hat. Es scheint, als ob er heute Hunger und Durst, die ihn sonst um diese Zeit quälen, mit dem

Samen unter die Erde gepflügt hätte. Von seinem Platz aus kann unser Freund die ganze Weite überblicken. Alles bereitet sich auf die Nacht und Ruhezeit vor. Das Gesicht des Freundes ist von rotem Staub gefärbt. Seine Augen blicken den Fußpfad hinab, der – mit dem gleichen roten Staub bedeckt – an einem Olivenhain entlangführt. Die Sonne hat ihre märchenhafte Reise beendet und steht wie ein Feuerball in der Ferne, eingebettet zwischen zwei hohe Berge. Das immergrüne Laub der Olivenbäume erscheint dem Auge tief dunkelblau. Auf der Wiese am Fuße der Berge grasen die Schafe einer großen Herde, weit verstreut über den Hang. Aus der Ferne sehen sie aus wie unzählige rötliche Flocken auf einem grünen Teppich. Sehnsüchtig ertönt von dort das Flötenspiel des Schäfers. Sein Echo erklingt über die ganze Weite des Tales. Das Echo eines anderen Schäfers ist zu hören, der dazu singt: »Ich will auf einen hohen Berg steigen und zu Allah klagen, daß mich meine Liebe nicht erhören will.« Er singt auch für die Mädchen, die ihre Krüge auf dem Kopf zur Wasserquelle balancieren. Sie tuscheln, und ihre Gesichter erröten.

Die Abendstimmung weckt bei Tieren und Menschen gleichermaßen die Sehnsucht nach Ruhe und Geborgenheit. Sie zerstreuen sich in alle Himmelsrichtungen. Alte und Kinder lassen sich vom Esel nach Hause tragen; ihre Kleidung ist mit Staub bedeckt. Die Gesichter sind von der Sonne rotbraun gebrannt und spiegeln die Härte und Schönheit der Natur wider. Lebenslanges Barfußlaufen hat ihre Füße rissig werden lassen, so wie die Erde, wenn lange kein Regen gefallen ist.

Das Scharren seines Esels unterbricht die Beobachtungen unseres Freundes, und der Geruch der nassen Erde steigt ihm in die Nase. Eine Erwartung, die er insgeheim hegt, lenkt seinen Blick zurück auf den kleinen Fußpfad.

Dort, ganz in der Ferne, erblickt er eine Gestalt, und wie sie auf ihn zukommt, erkennt er in ihr seine Frau. Sie freut sich, und die Freude läßt ihre Beine schneller laufen und ihr Herz schneller schlagen. Ihr Gefühl verleitete sie heute dazu – wie zufällig – ihr rotes Kopftuch, das sie einst als Brautschmuck geschenkt bekam, zu tragen. Doch ihrem Mann gegenüber hält sie Abstand, und sie fragt nicht wie sonst oft: »Sag, bist du noch nicht fertig?« Stattdessen sagt sie: »Allah möge dir Gesundheit und Kraft geben!« und blickt ausweichend zu Boden. Sie bückt sich und sammelt das herumliegende Holz in einen Eimer. Ihre Stimme ist kaum zu hören. Wenn unser Freund die Sprache der Augen nicht so gut beherrschte, hätte er wohl kein Wort verstanden. Er schaut sie mit offenem Mund an und streicht sich mit der Hand über seinen gezwirbelten Schnurrbart. Dann kniet er nieder zu seiner Waschschüssel, und mit seinen derben Händen, die vom ständigen Druck auf den Pflug ganz verformt sind, befreit er das Gesicht vom Staub der roten Erde, den Hals, die Ohren, die Nase und die trockenen Füße. Seine Frau aber steht da und sieht ihm zu, sie lächelt, und ihre schneeweißen Zähne, die sie heute mit Kreide und Salz geputzt hat, blitzen. Die kajalgeschminkten, mandelförmigen Augen blicken verstohlen, und das Weiß ihrer Augen und das Schwarz des Kajals verstärken den Glanz.

Inzwischen hat sie ihm gegenüber Platz genommen und läßt spielerisch Sand durch ihre hennagefärbten Finger rieseln. Er setzt sich ebenfalls auf die Erde und beobachtet ihre Blicke, so als ob er sie heimlich belauschen wolle. Wieviel Zeit diese Augensprache schon in Anspruch genommen hat, bleibt das Geheimnis der beiden. Sie leben nach dem Sprichwort: »Mein Geheimnis und dein Geheimnis sind in einem Ölkrug – er wird nur vom Hausbesitzer geöffnet.« Sie stehen auf, und ihr Blick fällt auf das Holzbündel. Unser Freund begreift sofort und handelt nach einem anderen Sprichwort: »Die Schlauen verstehen durch Zeichen.«

Blitzschnell steht er auf und stürmt auf sie zu. Sie beugen sich hinunter und heben gemeinsam das Holzbündel auf ihren Kopf. Dabei drückt er ihr dreimal die Hand, was soviel heißt wie: »Heute Abend nach dem Essen unter dem Olivenbaum.« Daraufhin räuspert sie sich, schließt die Augen, senkt den Blick und schaut nach oben. »Ja, wenn die Kinder schlafen, mit Allahs Wille.«

Verrücktsein ist eine Kunst

Verrückte gab es in unserem Dorf reichlich. Jeder war auf seine Art verrückt.

Einer von ihnen war Suleiman, der, wenn er vom Markt aus der Stadt kam und auf seinem Eselskarren saß, Selbstgespräche führte. Er war unrasiert und blickte lauernd um sich. Schlagartig konnte sein Gesichtsausdruck von einem bösen zu einem freundlichen Lächeln umschlagen. Oder umgekehrt. Manchmal hielt er seinen Esel an, beobachtete uns, grinste uns in einem Augenblick freundlich an, um kurz darauf angriffslustig zu uns herüberzustarren. Wir wußten, daß wir uns nun in acht nehmen mußten. Wir beobachteten ihn vorsichtig aus sicherer Entfernung. Wenn er uns anlachte, näherten wir uns ihm, wenn er böse schaute, blieben wir wie angewurzelt stehen.

Wir umlagerten ihn so lange, bis er vor seinem Esel kniete und ihm etwas ins Ohr flüsterte. Der Esel schüttelte daraufhin zumeist seine Mähne, und Suleiman schimpfte auf ihn ein. Ärgerlich band er ihn an einem Mast fest, nahm seinen Stock, krempelte sich die Ärmel hoch und befahl uns dann: »Strammgestanden!« Damit fing unsere Marschübung meistens an. Suleiman stellte sich wie ein General vor uns auf und ließ uns auf dem Dorfplatz auf und ab marschieren. Nahezu alle Dorfbewohner schauten diesem Spektakel zu. Zwischendurch stellte sich Suleiman an die Mauer des Dorfplatzes, hielt seine Hände vor das Gesicht, als hielte er ein Fernglas in der Hand und blickte so in alle Himmelsrichtungen. Zwischendurch stampfte er mit den Füßen auf.

Wenn dieser Teil der Vorstellung vorbei war, hob er das Kabel des Militärtelefons vom Boden, hielt es an sein Ohr und fing an, mit arabischen Königen und Führern zu »telefonieren«: »Hallo, hallo, hier spricht General Suleiman von den palästinensischen Befreiungsstreitkräften. Hallo, hallo, euch allen Königen, pf...

Teufel. Die Streitkräfte haben die Lage im Griff. Wir sind auf dem Weg nach Palästina – Ende!«

Daraufhin spuckte er aus und schimpfte laut herum. Ich merkte nur, daß die Sätze, die er sprach, keinen Zusammenhang hatten, wenn er sagte: »Palästina bleibt arabisch... Die Städter vermischen Milch mit Wasser, und Palästina wird an Fremde verkauft – Ende. Die Streitkräfte marschieren mit Allahs Hilfe. Der Muchtar verdient für jeden Stempel fünf Piaster.«

Die Zuschauer lachten herzhaft und klatschten. Doch wenn Suleiman den König verfluchte, nahmen sie vor Schreck die Hand vor den Mund, lachten jedoch sofort wieder und freuten sich über Suleimans Worte.

Der Dorfpolizist, der alles mitansah, tat dies von seinem etwas erhöhten Platz und lachte gezwungenermaßen mit. Als Suleiman wieder einmal anfing, auf den König zu fluchen, ging er auf ihn zu und rief: »Verrückter, mach, daß du nach Hause kommst!«

Eine alte Frau, die in seiner Nähe stand, meinte: »Laß ihn, es reicht, was ihr mit ihm gemacht habt.«

»Hadji, schütz' dein Alter. Wir wissen selbst, was wir getan haben«, und der Dorfpolizist zwirbelte an seinem dicken Schnurrbart.

»Das merkt man!«, entgegnete sie höhnisch.

Suleiman bekam Angst und verstummte. Er schaute um sich und stahl sich davon. Doch schon am nächsten Tag hatte er alles vergessen. Wir Kinder halfen uns in der Zwischenzeit damit, uns nach anderen Spielen umzusehen.

An der Wasserquelle wartete schon Joha, der die Hände vor der Brust hielt, als hätte er ein Steuerrad in der Hand: »Nach Haifa, nach Haifa. Es sind noch Plätze frei.«

»Nimm uns mit. Nimm uns mit.«

»Der Tank ist leer. Schiebt mich an.«

Wir schoben ihn nun singend, lachend und schreiend durch das ganze Dorf. Wenn wir um die Ecke bogen, zwinkerte er mit dem Auge in die Richtung, in die wir ihn bewegen sollten. Wir schoben ihn bis zum Maulbeerbaum und ließen ihn dort mit den Worten stehen: »Tank dich auf, wir holen dich nachher wieder ab.«

Wir gingen weiter und suchten uns ein neues Spiel. Wir

freuten uns, wenn wir jemanden fanden, mit dem wir spielen konnten. Jeden Fremden, der das Dorf betrat, beobachteten wir genau. Manche machten ungewöhnliche Sachen. So spuckte einer unaufhörlich auf seinen Schatten, andere liefen mit Steinen hinter uns her, und wieder ein anderer hatte überall Blumen stecken.

Eines Tages kam einer ins Dorf, den wir stundenlang beobachteten. Er wirkte zunächst ganz normal. Kein Anzeichen, daß er verrückt sein könnte. Sein Blick jedoch befremdete uns ein wenig. Wir näherten uns ihm vorsichtig und hänselten ihn – vergeblich. Plötzlich ertönte eine Salve von Flüchen gegen den Muchtar, den König und die Polizei, und der Mann begann, über die verlorene Heimat Palästina zu reden.

Wir freuten uns, sprangen in die Luft und riefen: »Ein neuer Verrückter, ein neuer Verrückter!« Wenn wir einen neuen Verrückten gefunden hatten, teilten wir ihn unter uns auf.

Die Kinder aus dem Ostteil des Dorfes bekamen Suleiman und Joha, die Kinder aus dem Westteil Abu Suhur (Vater der Blumen) und Atije.

Die Zahl der Mitspielenden wuchs von Jahr zu Jahr, und ich hatte das Gefühl, daß bald das ganze Dorf aus Verrückten bestehen würde. Doch alle diese Verrückten hatten einen Chef, einen sogenannten Abu Majanin. Abu Majanin, der Vater der Verrückten, war Busfahrer, der immer die gleiche Strecke fuhr – vom Dorf ins Tal. Abu Majanins Bus war für viele Leute die einzige Verbindung ins Tal. Sie brachten so ihre Produkte zum Markt in die Stadt.

Auch ich fuhr oft die Strecke, um unserem Schäfer, der zu dieser Zeit die Schafe im Tal weidete, seinen Proviant zu bringen. Wegen des milden Klimas zog es die Schäfer mit ihren Herden in der kühleren Jahreszeit in das Tal, wo sie blieben, bis der Sommer anbrach und sie wieder in die Berge heimkehren konnten. Für mich waren diese Fahrten mit dem Bus eine willkommene Abwechslung von den ewigen Streitereien mit meinem Vater und meinem Lehrer.

Abu Majanin war ein schlanker, großgewachsener Mann. Er trug einen roten Turban, an dem der Schmuck vorn angebracht war statt wie üblich hinten. Beim Sprechen hüpfte dieser

Schmuck vor der Stirn hin und her. Abu Majanins Gesprächspartner beobachteten dies mehr, als daß sie auf seine Worte hörten. Er saß kerzengerade hinter seinem Steuerrad und lenkte mal scharf nach links, mal scharf nach rechts. Vor jeder Kurve hupte er laut drauflos. Wir Mitfahrer taumelten dabei von einer Seite des Busses auf die andere und versuchten, mit der einen Hand unser Gepäck festzuhalten, mit der anderen, unser Gleichgewicht zu finden.

Im Bus ging es drunter und drüber. Überall waren Schilder angebracht, unter anderem eines direkt neben Abu Majanin: »Bitte nicht mit dem Fahrer sprechen.« Das hätte allerdings auch keinen Sinn gehabt, da er munter vor sich hin pfiff und sich auf das Fahren konzentrierte.

Hatte er genug gepfiffen, sang er von der Liebe zur Heimat: »Oh, Heimat, oh, Heimat, ich möchte zu dir zurück.« Zwischendurch sang er auch Lieder von der Liebe und machte dazu ein trauriges Gesicht wie bei den Heimatliedern.

Auf einem anderen Schild stand: »Im Bus ist das Spucken verboten.« Doch alle Leute spuckten aus, weil sie sich über den Fahrstil von Abu Majanin, die schlechte Saison und die hohen Preise ärgerten. Abu Majanin hörte nie darauf, wenn ihn jemand bat, doch etwas langsamer zu fahren.

»Möge Allah deinen Schnurrbart vor der Schande schützen, fahr langsam, meine Kinder warten auf mich.«

Abu Majanin lachte daraufhin, gab Gas und sagte höhnisch: »Warum hast du Angst – wir haben nichts zu verlieren, nachdem wir unsere Heimat verloren haben.«

Auch von den Verkehrsschildern entlang der Straßen und Plätze nahm er keine Notiz. Ein Schild zeigte ein lachendes Kindergesicht mit einer Sprechblase: »Wir warten auf dich, Papa.« Wenn dieses Schild am Straßenrand auftauchte, schüttelte Abu Majanin den Kopf, daß ihm fast der Turban herunterfiel, und er beschleunigte wie verrückt.

An den Haltestellen hielt er grundsätzlich nicht an. Wenn Leute an einer Haltestelle warteten, fuhr er haarschaf mit vollem Tempo an ihnen vorbei, und sie machten einen entsetzten Satz zur Seite. Einige Meter weiter hielt er dann an und ließ die Leute hinter seinem Bus herlaufen, doch kurz bevor sie den Bus erreicht hatten, gab er manchmal wieder Gas und begann das Spiel aufs Neue.

Die Leute im Bus riefen: »Abu Majanin, es gibt Fahrgäste, die mitfahren wollen!«

Ärgerlich und mit düsterem Gesicht blickte er in den Rückspiegel und schimpfte: »Ich habe Augen im Kopf. Ich lasse sie nur ihr fettes Mittagessen etwas verdauen.«

Bevorzugt trieb er dieses Spiel mit den armen Halbnomaden und Zigeunern, die häufig auf den Bus warteten, um Abu Majanin ein kaputtes Radio zur Reparatur mit in die Stadt zu geben, die nach den Viehpreisen fragten oder einfach spaßeshalber mitfahren wollten.

Einmal kam es vor, daß ein völlig ausgezehrter alter Mann mit einem riesigen Radio, das beinahe so groß war wie ein Reisekoffer, Abu Majanin mit atemloser Stimme bat: »Schwöre auf deinen Schnurrbart, daß du mir mein kaputtes Radio morgen heil aus der Stadt zurückbringst.«

Abu Majanun zog ärgerlich die Handbremse, nahm seinen Turban ab und legte ihn auf den Beifahrersitz, während er höflich fragte: »Es muß also unbedingt morgen sein?«

Der magere alte Mann antwortete, während er sein Radio liebevoll neben den Turban stellte: »Ohne Radio halte ich es nicht aus.«

Der Busfahrer erwiderte: »Sie müssen wohl immer genau wissen, wie Ihre Aktien in New York stehen.«

Mit Kindern aber war er sanftmütig und liebevoll. Sie standen oft auf beiden Straßenseiten und schlugen auf leere Dosen. Er grüßte sie mit lautem Hupen und pfiff dazu. Sodann stieß er seinen Nachbarn auf dem Beifahrersitz an und sagte: »Das ist die Generation, die Palästina befreien wird. Sie werden uns unsere verlorene Ehre zurückgeben!«

Dann fuhr er fort, von seiner Heimat zu sprechen. Er hatte wie ein König in Haifa gelebt. Am Meer hatte ihm ein Café gehört, das den Namen »Glückliches Café« trug. Auf dem Schild vor dem Café stand sein richtiger Name »Abu Faris«. So hatte er gelebt, bis die Fremden kamen und ihm sein Café wegnahmen. Danach war er Flüchtling wie viele Palästinenser. Viele dachten, daß dies Grund genug wäre, verrückt zu werden.

Ein schlanker großer Mann meinte höhnisch: »Demnach müßten also alle palästinensischen Flüchtlinge verrückt werden.«

Eine alte Frau erhob energisch die Faust und rief: »Was machst du, wenn dir jemand dein Haus wegnimmt, wie es ihm passiert ist?«

»Ich nehme seine Seele!« erwiderte der schlanke Mann.

Ein anderer flüsterte: »Nimm Verstand an! Heutzutage haben die Wände Ohren, und der Vernünftige hat Angst vor seinem Schatten!«

Wenn Abu Majanin von seiner Vertreibung aus Palästina erzählte, ängstigte er seine Zuhörer. Sie schauten dann um sich, aus Angst beobachtet zu werden, besonders dann, wenn er die arabischen Führer, die ihre Heimat verkaufen, als Zuhälter bezeichnete.

»Diese Verräter«, rief er, »die ihre Heimat verkaufen, um sich ein Schloß zu bauen!« und schlug wütend auf das Steuer. Der Bus kam dabei aus der Bahn und machte einige Schlenker hin und her, so daß die Insassen, sofern sie sich nicht festhalten konnten, aus dem Gleichgewicht geworfen wurden und im Bus herumtorkelten. Den Beifahrer, der vor Schreck in den Fußraum gerutscht war, zog Abu Majanin am Hemdkragen hoch, blickte ihn an, als würde er ihn zum erstenmal sehen, und begann ernst auf ihn einzureden: »Heutzutage hat nur derjenige etwas zu sagen, der eine Waffe trägt.«

Er zitterte vor Zorn und schrie: »Gib' mir ein Gewehr, und ich vertreibe alle arabischen Führer wie Kaninchen!«

»Beruhige dich, Abu Majanin«, versuchte ihn sein Beifahrer zu beschwichtigten.

»Was heißt hier Schicksal? Waffen! Nur Waffen! Wenn du Waffen hast, bekommst du alles.« Etwas ruhiger fuhr er fort: »Oder haben die da hinten uns mit Tomaten aus unserer Heimat vertrieben?«

Keiner wagte darauf zu antworten. Ich war sicher, daß Abu Majanin, wenn er jetzt nicht weiterredete, explodieren würde.

Häufig hat er uns aber auch in aller Ruhe erzählt, wie er vertrieben wurde. »Meine Lieben«, sagte er einmal, als wollte er ein Märchen erzählen. »Vor tausend Jahren kam einmal ein Prophet an die Stelle, auf der ich später in Haifa mein Kaffeehaus stehen hatte. Er hatte so starken Durchfall, daß er es nicht mehr halten konnte, und so schiß er dorthin, wo er gerade stand. Als Heiliger hatte er das Privileg, auch seine Notdurft heilig zu nennen. Und so kam es, daß seine Kindeskinder zu diesem heiligen Platz pilgerten, und meine Familie, die die Scheiße jahrhundertelang bewacht hatte, nun von ihrem angestammten Platz mit Bomben und Maschinengewehren vertrieben wird.«

Das also sei unser Schicksal, und wir sollten uns nach dem Willen unserer Feinde in Demut darein fügen.

»Könnt ihr euch nun ausmalen, was in aller Welt passieren würde, wenn unsere fünf oder sechs Propheten, die Durchfall hatten, überall wo ihnen danach war, hingeschissen hätten? Die ganze Welt würden wir beherrschen! Noch besser als durch das arabische Erdöl.«

Seine Geschichte erregte mich, und ich wäre gerne aufgesprungen und hätte laut geschrien und alle aufgefordert, endlich den Mund aufzumachen und zu reden, statt hinter verschlossenen Türen zu schimpfen, wie es die »Normalen« zu tun pflegen. Leider war aber meine Fahrt schon zu Ende, und ich stieg aus mit der Hoffnung, eines Tages meine Kunst zu finden, um mich von meinen Magenkrämpfen zu befreien.

Der Tag der Beschneidung

Beschnitten oder unbeschnitten, das war die Frage. Die Kinder, die mich nicht kannten und nur meinen christlichen Namen hörten, riefen mich Abu Dandule – Vater der Vorhaut.

Meine moslemischen Mitschüler meinten: »Die Unreinen müssen im Feuer verbrannt und vom Teufel gegrillt werden. Doch wenn sie sich beschneiden lassen, wird Allah ihnen verzeihen.«

Die christlichen Kinder antworteten: »Na, ihr Ungezogenen und Unverschämten!«

Nicht selten kam es vor, daß sich aus einem solchen Streit eine Schlacht entwickelte. Die Kinder bewarfen sich so lange mit Steinen, bis die Eltern kamen und sich daran beteiligten.

»Christ und beschnitten?« fragten mich meine Mitschüler ungläubig, obwohl doch alle an meinem Beschneidungstag Süßigkeiten bekommen hatten.

»Wenn du beschnitten bist, dann zeig' es uns doch! Runter mit der Hose!« riefen sie laut und bildeten um mich einen Kreis. Mir stieg die Schamröte ins Gesicht, und ich stampfte ärgerlich mit dem Fuß auf die Erde. Sie stimmten ein Lied an, das mein Täubchen besang, das angeblich noch einen Turban trug.

Einer rief: »Wadi, Wadi, runter mit der Hose! Keine Angst, wir werden das Fenster schließen, so daß es nicht fortfliegen kann.«

Ein anderer meinte, mich nur wenig beruhigend: »Wir schauen auch nur mit einem Auge hin!«

Ich lehnte alles ab. Erst als sie mir die Schultasche wegnahmen, schloß ich die Augen und zog meine Hose herunter. Sie ließen mich dreimal hochleben, trugen mich auf den Schulhof und sangen von meinem Täubchen, bis ihre Stimmen heiser wurden.

Inzwischen war ich älter geworden, hatte die Schule längst verlassen und schleppte die Erinnerung an diese Zeit mit mir herum. Kein Mensch fragte mich mehr nach meinem Täubchen und ob es noch einen Turban trage oder nicht.

Doch als die israelische Besatzung kam – oder wie die alten Frauen sagen: »Allah hat keine Steine, die er auf die Verdammten werfen kann, deshalb hat er uns die israelische Besatzung geschickt« –, erinnerte sich mein Dorf wieder an meinen Beschneidungstag.

Die Besatzer steckten ihre Nasen von Anfang an überall hinein. Wir, die Verdammten dieser Erde, waren zu Beginn der Besatzung dagegen viel zurückhaltender, nicht so wie jetzt in der *Intifada*. Jetzt werfen *wir* die Steine! Damals vermieden wir jeden Kontakt mit den Besatzern, vor allem wegen ihrer ewigen Fragereien: »Wie heißt du? Woher kommst du? Wohin gehst du? Wohin gehst du nicht? Wer hat dich gesehen? Wer hat dich nicht gesehen? Wer kennt dich? Wer kennt dich noch nicht? Wen willst du kennenlernen?« ... und so weiter.

Man wußte nicht, was man antworten sollte: Ja oder Nein? Geschlagen wurde man in jedem Fall. Wenn man mit Ja antwortete, schlugen sie los, um noch mehr aus einem herauszuholen, antwortete man aber mit Nein, dann wurde man geschlagen, weil man sich verweigerte. So lebten wir bis zur *Intifada* – *Intifada* heißt Nein, Verweigerung! – zwischen Ja-Schlägen und Nein-Schlägen.

»Wann werden sie uns verlassen?« fragten die Geschlagenen. »Verlassen? Was heißt verlassen?« antworteten die Erfahrenen, die drei Besatzungen miterlebt hatten. »Solange wir noch Fleisch auf den Knochen haben, werden sie uns nicht verlassen. Außerdem haben sie uns im Lotto gewonnen!«

Aber was hat die Besatzung mit meinem Täubchen zu tun? Ich selbst wäre nie auf die Idee gekommen, daß die Besatzer diese Geschichte wieder aufrühren würden. An einem Samstag – dem Tag in der Woche, den Allah für die Juden als Ruhetag bestimmt hatte – rollten die Besatzer mit ihren Panzern auf unser Dorf zu, um es einzukreisen, wie sie es regelmäßig mit allen Dörfern machen. Sie schleppten die Männer des Dorfes auf den Dorfplatz und sperrten die Frauen in den Häusern ein – damit sie keine Steine werfen konnten. Anfangs teilten sie uns ein nach Größe, Alter, wer im Gefängnis gewesen war und wer nicht, wer seinen Nachbarn im Gefängnis hatte und wer nicht, wer im Ausland gewesen war und wer nicht. Und weil Allah uns liebt und die Menschen in unserem Dorf in Christen und Mohammedaner geteilt hat, teilten uns die Besatzer genauso göttlich ein.

Ein Soldat mit einem Hund bellte mich an: »Und du Idiot? Stell dich bei einer Gruppe an!«

Ich bellte zurück: »Wohin soll ich mich stellen? Ich bin beschnitten, aber auch getauft.«

»Hier unter meinen Fuß!« sagte er und pfiff ein paar Soldaten herbei, die mich heranschleppten, auf den Boden warfen und pausenlos auf mich einschlugen. Sie schlugen mich, bis ich bewußtlos war. Nachdem die israelischen Besatzer dreiviertel der Männer bewußtlos auf dem Dorfplatz zurückgelassen hatten – wie es Sitte und Brauch bei jeder Besatzung ist – vergaßen die Leute ihre Schmerzen und begannen, sich über mein mohammedanisches Täubchen lustig zu machen.

Ich habe mich schon oft gefragt, wie es kommt, daß ich halb Christ und halb Mohammedaner bin. Eigentlich bin ich nicht dagegen, daß ich ein »mohammedanisches« Täubchen habe, weil das in unseren Augen zu einer breiten solidarischen Front gegen die israelischen Besatzer gehört. Es war sogar Sitte, daß die christlichen Mütter im Dorf ihre kranken Söhne beschneiden ließen, da sie glaubten, daß ihr Kind durch »Allahs Opfer« wieder gesund würde.

Dieses Erlebnis unter der Besatzung rief in mir die Erinnerung an jenen Tag wieder hellwach, als man mich beschnitten hatte.

Meine Freunde und ich spielten, kurz vor Sonnenuntergang, auf dem Dorfplatz noch ein wenig Verstecken, als einer von uns ängstlich schrie: »Aufpassen, der Beschneider kommt!«

Die noch nicht Beschnittenen rannten ziellos in alle Himmelsrichtungen davon, als wenn ein Wolf in eine Schafherde einbricht. Die schon Beschnittenen gingen dagegen lässig auf den Beschneider zu. Der hatte sich inzwischen ins Café gesetzt und wurde von Neugierigen umringt. Als ich seine schwarze Tasche sah, die er neben sich abgestellt hatte, bekam ich große Angst, und mir fingen die Knie an zu zittern. Ich hatte das dumpfe Gefühl, daß er meinetwegen gekommen war. Das letzte Mal hatte er mich nicht erwischt, und seitdem rechnete ich jeden

Moment damit, daß er erneut kommen würde. Plötzlich hörte ich seine tiefe Stimme: »Holt ihn, da drüben ist er, Wadi!«

Meine Hose wurde feucht, und ich hatte keine Möglichkeit mehr wegzukommen, da die Leute von allen Seiten mit offenen Armen auf mich losstürzten und dabei meinen Spitznamen »Abu Dandule« riefen. Sie lachten laut, und ich fühlte mich wie der Hahn an Ostern, der zum Schlachten eingefangen wird. Ich fing vor lauter Angst an zu schreien und warf Steine nach denjenigen, die mich einfangen wollten. Doch trotz meiner Gegenwehr hatten sie mich schnell gepackt und trugen mich – zappelnd wie einen Fisch an der Angel – zum Beschneider.

Unterwegs lachte einer: »Laßt uns Abschied nehmen von seinem Täubchen, bevor es die Katze frißt.«

Ich spuckte nach ihm und schrie: »Möge Allah deine Mutter fremdgehen lassen!«

Dies war die größte Beleidigung, die man sich vorstellen kann. Er hielt mir den Mund zu, und ein anderer drohte: »Jetzt kannst du noch gut schimpfen – bald wirst du weinen! Das Messer wartet schon auf dich!«

Beim Beschneider angekommen, ließen sie mich herunter, hielten mich aber fest, damit ich nicht noch einmal ausbüchsen konnte. Der Mann war unrasiert, rund und hatte ein Doppelkinn. Er saß auf einem Stuhl, und sein schwerer Bauch lastete zwischen Kaffeehaustischchen und Stuhl auf seinen Oberschenkeln.

»Ich mache dich zu einem Mann«, sagte er mit tiefer Stimme.

Eine andere Stimme redete beruhigend auf mich ein: »Wadi, du solltest dich bei ihm bedanken, daß er dir dein Täubchen verschönert, damit du so viele Kinder machen kannst, wie du willst!«

Lautes Lachen allerseits war die Antwort darauf, nur ich fing an zu weinen und bat sie, mich laufen zu lassen.

»Laß ihn laufen«, sagte einer, »wir werden ihn wieder einfangen. Eines jedenfalls ist klar, daß er heute beschnitten wird!«

Der Beschneider stand mühsam auf, zog sich die heruntergerutschte Hose hoch, was bei seinem Bauch gar nicht so einfach war, atmete schwer, griff zu seiner Tasche und sagte: »Laßt uns nun zu ihm nach Hause gehen.«

Sie nahmen mich wieder hoch und trugen mich zu uns nach Hause. Unterwegs trafen wir meinen Vater, der uns barfuß entgegenkam.

Schon von weitem rief er: »Habt ihr ihn gefunden?«

»Wir haben ihn!«

»Gut gemacht!« nickte er: »Die, die ihn eingefangen haben, bekommen mehr Süßigkeiten.«

»He, he!« schrien sie und hielten mich in die Höhe.

Mein Vater kam und nahm mich aus ihren Händen. Er stellte mich neben sich auf den Boden und sagte zu allen: »Ich danke euch. Ihr seid zu Süßigkeiten bei uns eingeladen.«

Ich hielt mich ängstlich an seinem Gewand fest und bat ihn: »Väterchen, ich küsse deine Hand, bitte hilf mir, sie wollen mir wehtun!«

Er schlug mich auf's Ohr, und ich hörte nichts mehr außer einem Pfeifen. Ungerührt zog er mich hinter sich her, während die Leute, die mit uns kamen, für mein Täubchen sangen. Auf dem Weg nach Hause schlossen sich uns immer mehr Leute an. Die Frauen, die auf dem Balkon oder vor ihren Häusern standen, zeigten mit den Fingern auf mich und lachten. Eine alte Frau sang für mich, und ihre Lieder versprachen mir, daß ich bald ein Mann sein werde, der viele Kinder machen würde.

Als wir zu Hause ankamen, wartete meine Mutter auf uns. Sie breitete ihre Arme aus und rief mich sanft. Ich biß meinem Vater in die Hand, die mich noch festhielt, und sprang meiner Mutter in die Arme, drückte sie stark und kuschelte mich an ihre Brust. »Hilf mir, Mütterchen, sie wollen mein Täubchen beschneiden! Sie sollen mir nicht wehtun!«

»Keiner will dir wehtun. Du mußt nur deine Augen zumachen«, sagte sie, drückte mich, als wollte sie mich festhalten und nahm mich mit ins Haus.

Ich sah, daß das Bett weiß überzogen war und überall Leute herumstanden, die mich freundlich anlächelten: »Wadi, bald wirst du ein richtiger Mann!«

Der Beschneider stellte seine Tasche auf das Bett, öffnete sie, nahm ein paar Instrumente heraus und gab sie meiner Schwester: »Leg sie in Wasser und laß sie eine Zeitlang kochen!« Darauf schaute er in meine Richtung und sagte: »Hier, legt ihn hin!«

Ich verlor meine Stimme und klammerte mich an den Haaren meiner Mutter fest. Mutter sagte: »Liebling, du tust mir weh. Ich bleibe neben dir!« Mir stiegen die Tränen in die Augen, und ich brachte kein Wort mehr heraus.

»Beeilt euch«, hörte ich einige Stimmen. »Das Kind stirbt noch vor Angst.«

Ich zitterte am ganzen Körper und ließ die Haare meiner Mutter los. Sie sagte wütend an meinen Vater gerichtet: »Misch dich nicht ein!« und trug mich zum Bett.

Meine Mutter hielt mir den Kopf, und der Beschneider befahl: »Runter mit der Hose!« Ich pinkelte noch einmal in die Hosen.

Meine Schwester Mariam kam herein und verkündete: »Die Sachen sind fertig.« Ich spürte, wie mir jemand die Hosen herunterzog, und sah viele Gesichter über mir, die gespannt auf den Beschneider schauten. Ich hörte das Klappern der Messer. Meine Mutter drückte mich an sich.

Der Beschneider kniete über mir, zog mir an der Vorhaut und sagte: »Schau mal auf die Wand, wie dort die Vögel fliegen!«

Ich spürte, wie etwas Warmes auf meine Beine floß, während er etwas von Allah faselte. Danach fingen die Frauen an, laut zu singen.

Meine Mutter sagte liebevoll: »Es ist schon fertig, merkst du, es schmerzt nicht.«

Ich jedoch fühlte, wie schmerzhaft es brannte. Meine Stimme kam zurück, und ich fing an zu weinen. Die Gäste bekamen von meiner Schwester Süßigkeiten angeboten, und der Beschneider streichelte mir über die Wange: »Ich habe dich zum Mann gemacht!«

Ich blieb noch eine Woche im Bett, und jedesmal weinte ich beim Wasserlassen vor Schmerzen. In der Nacht hatte ich Alpträume und schrie laut. Meine Mutter, die sich Sorgen um mich machte, holte Sadiye, die Wahrsagerin, damit sie mich segnete und vor bösen Geistern schützte. Sie gab mir Wasser aus einer alten Tasse, auf der Sprüche aus dem Koran standen, was meine Angst bekämpfen sollte.

Einige Tage danach verschwanden die Schmerzen, und ich konnte wieder draußen spielen. Bis die Wunde verheilt war, hatte ich ein Kleid an. Die Leute aus dem Dorf, die mich trafen, wollten mein »Täubchen« sehen. Auch meine Freunde schauten immer verstohlen zu, wenn ich pinkeln mußte.

Doch mit der Zeit heilen Wunden, und so heilte auch mein Täubchen.

Nach ungefähr zwei Monaten hörte ich, daß der Beschneider wieder am selben Platz sei. Ich ging zu ihm und küßte seine Hand, worauf er mich segnete. Dann zeigte er mir, welches Kind heute dran sei. Wir rannten los, um es einzufangen, damit wir zur Belohnung Süßigkeiten bekamen.

Nur Esel werden geschlagen

Denke ich an meine Kindheit zurück, sehe ich mich einem Meer von Erinnerungen gegenüber. Zahllose Bilder brechen über mich herein. Märchen sind das nicht. Die Schläge meines Vaters und der Streit zwischen meiner Mutter und meinem Vater waren mein tägliches Brot. Sie stritten sich häufig; vor allem aber dann, wenn meine Mutter meinen Vater bat, ein Schaf zu verkaufen. Mein Vater lehnte ihre Bitte meistens ab. Daraufhin wartete meine Mutter, bis es Nacht war und bat meinen Vater noch einmal, ein Schaf zu verkaufen. Wenn er ihre Bitte ein zweites Mal abschlug, begann sie laut auf ihn einzuschimpfen und drohte damit, die Schafe nicht mehr zu melken und zu ihrem Bruder zu ziehen. Seine Stimme wurde dann auf einmal freundlicher, und er willigte in den Verkauf ein.

Ich fragte mich oft, warum das alles sein mußte, wenn er zum Schluß doch nachgab. Wie jeder Krieg folgte auch ihr Streit seinen festen Ritualen. Das Schimpfen meiner Mutter auf meinen Vater hat mir immer gefallen, und es war mir, als ob es meine Worte wären, und der Haß gegen meinen Vater ließ nach. Wir Kinder bekamen die Streitigkeiten im Halbschlaf mit, doch da sie immer wiederkehrten, beunruhigten sie uns schließlich nicht mehr. Wir schliefen weiter, da wir am nächsten Morgen vor Sonnenaufgang aufstehen mußten, um die Schafe zu melken.

An einen Tag erinnere ich mich besonders deutlich. Es war im Frühling, und die Sonne ließ die Blumen in ihrer Blütenpracht aufgehen. Wohin man schaute, leuchtete es farbenfroh, und sogar an Hauswänden und Haustreppen rankten üppige Pflanzen empor. Das tausendfache Summen der Bienen zeigte, daß der Sommer kurz vor der Tür stand. Der betörende Duft der Blumen vertrieb alle Sorgen vor dem Regen. Selbst mein Vater bekam bei diesem Wetter hin und wieder gute Laune und schimpfte nicht mehr auf die Viehfutterhändler. Unser Haus war voll von Lämmchen, und ihr Meckern war im ganzen Dorf zu hören.

Zu dieser Zeit, besonders aber während der Schulferien, liebte ich es, mit den Lämmchen auf die Weide zu gehen. Ich fing Schmetterlinge und wurde von meinen Freunden aus dem Dorf auf dem Weideplatz besucht. Wir klauten Gemüse, Kopfsalat und Kohl und wuschen es an der Wasserquelle. Besonders gern aber ärgerten wir den Dorfwächter und riefen ihn bei seinem Spitznamen »Gazelle«. Er hatte einen Buckel und hinkte. Hätte er einen von uns zwischen die Finger bekommen, hätte er ihn mit Brennesseln geschlagen, damit der Lehrer es bemerkte und ihn noch einmal prügelte. Die Eltern belohnten dann den Wächter mit Brot und Süßigkeiten und schlugen ihre Kinder noch ein drittes Mal. Wir Kinder aber haben uns gegenseitig nie verraten.

Erst am Abend, kurz vor Sonnenuntergang, machte ich mich auf den Heimweg. Zu Hause half ich meiner Mutter und meinen Schwestern, die Schafe zu misten und zu füttern. Manchmal kam ich von der Weide zurück und sah meine Mutter unter dem Jasminstrauch vor der Haustür ihre langen weißen Haare kämmen und zu einem dicken Zopf flechten. Wenn ich heute die Augen schließe und mich an diesen Anblick erinnere, steigt mir der Duft des Jasmins in die Nase, und wenn ich meine Augen dann wieder öffne, sehe ich mein Gesicht über einen Teller mit Olivenöl sich beugen und entdecke darin ein paar weiße, lange Haare meiner Mutter. Damals hockte ich mich dicht neben sie und aß mein Mittagessen, das sie für mich bis zum Abend aufbewahrt hatte. Reis mit Linsen und Zwiebeln in Olivenöl gebraten und Schafsjoghurtsauce. Sie brach mir das Brot in mundgerechte Stückchen und ermahnte mich, langsam zu essen und mich nicht von meinem Vater verrückt machen zu lassen. Ich aß, und sie rieb sich unterdessen ihre Haare mit Olivenöl ein.

Vom Hof her hörte ich das Knistern des Feuers, auf dem meine Schwestern die Milch kochten. Ich blickte zum Feuer hinüber und sah rötlich goldene Flammen um den Topf züngeln. Je länger ich in die Flammen schaute, desto mehr schien alles um mich herum zu flimmern. Meine Schwester saß auf einem mit einem Stück Stoff bedeckten Stein und schöpfte die Sahne von der kochenden Milch ab. Der Dampf erhitzte ihr Gesicht, und ihre Augen waren gerötet, als ob sie weinte. Sie seufzte tief und verfluchte den Teufel. Dann rief sie meinem Vater zu, er solle dem Schäfer am Hang gegenüber zurufen, daß er heute erst später nach Hause kommen solle. Wahrscheinlich befürchtete sie, daß sie es nicht schaffe, alle Schafe vor Einbruch der Dunkelheit zu melken. Ihre Worte machten meinen Vater hellhörig, und er stöhnte unzufrieden. Er saß auf der obersten Treppenstufe unter der Dachkammer und beobachtete von dort, wie üblich, die Schafe und rief dem Schäfer das eine oder andere Wort zu, wollte von ihm wissen, ob ein Lämmchen geboren wurde, ob eines krank sei und welche Schäfer in der Nähe herumzögen. Er schrie so laut, daß die ganze Umgebung es mithören konnte.

Meine Mutter machte sich über ihn lustig und sagte: »Paß auf, daß sich die Leute nicht gleich bei uns versammeln!«

Auf der anderen Seite des Hofes, wo die Lämmchen übernachten, stand meine Schwester und rief den Hühnern zu: »Put, put, put, put!« Ihre Stimme klang zärtlich und weich, und die Hühner stürmten aus allen Richtungen auf sie zu. Der Anblick erinnerte mich eher an ein Schlachtfeld als an eine Fütterung. Die Körner, die meine Schwester in die laut gackernde Hühnerschar warf, pickten sich die Tiere gegenseitig aus dem Gefieder und wirbelten dabei Staub und Federn auf.

Zwei kleine Vögel kamen aus dem Feigenbaum geflogen, landeten in sicherer Entfernung von all den kampfeslustigen Hühnern, schauten einmal nach rechts, einmal nach links, pickten in Windeseile ein paar Körner auf und retteten sich blitzschnell wieder auf ihren Feigenbaum. Dort angekommen zwitscherten sie mutig drauflos. Die Katze, die auf dem Hausdach ihr Sonnenbad nahm, beobachtete das Treiben mit blinzelnden Augen, reckte sich und schnurrte zufrieden.

Plötzlich trat der Hahn, der gerade von einem Ausflug zu den Nachbarn zurückkam, in majestätischer Haltung zwischen die Hühner. Er blieb stehen, blähte sich auf und schlug mit seinen Flügeln auf und nieder, während sein Blick auf dem jüngsten

Huhn ruhte. Plötzlich stieß er sich vom Boden ab, daß es nur so staubte und stürzte auf das Huhn zu. Dieses rannte so schnell es konnte davon, ohne sich umzuschauen und versuchte, sich unter dem Holz und den Heusäcken in Sicherheit zu bringen. Doch der Hahn bekam es mit seinem spitzen, harten Schnabel an den Nackenfedern zu fassen und zog es zu sich. Zitternd legte sich das Huhn auf die Erde und ließ sich vom Hahn bespringen. Dieser wippte auf dem Tier hin und her, und das Huhn machte alle Bewegungen mit, als wollte es dem Hahn helfen, sein Gleichgewicht zu halten. Schließlich packte er es noch einmal an den Nackenfedern und zog es zu sich heran, so daß das Huhn sein Hinterteil nach oben streckte. Der Hahn taumelte, und es sah aus, als verliere er die Balance und stürze ab, doch konnte er sich im letzten Moment noch fangen. Nachdem sie so kurze Zeit in Ruhe verharrt hatten, sprang der Hahn ab, stellte sich neben das Huhn, erhob stolz den Kopf und krähte laut drauflos. Das Huhn rannte zuerst einige Meter nach vorne, kam dann jedoch wieder zurück, um die Körner, die der Hahn für seine Geliebte gesammelt hatte, aufzupicken.

Ich rief meiner Mutter zu: »Mütterchen, hast du das gesehen? Er hat sie gedeckt!«

Meine Mutter warf mir einen Blick zu, der soviel bedeutete wie: »Schäme dich!«

Es wurde dunkler, und die Sonne verschwand hinter dem Feigenbaum, der schon seit Jahrzehnten im Hof stand. Der Baum warf seinen Schatten an die weiße Wand des Hauses, und seine Blätter sahen aus wie Hände, die sich sanft hin und her bewegten.

Je dunkler es wurde, desto lauter das Meckern der kleine Lämmchen. Sie wußten genau, daß der Schäfer bald mit ihren Müttern zurückkommen würde und sie ihren Hunger stillen konnten.

Mein Vater drehte sich um und schaute zu uns herüber, und ich wußte genau, was sein scharfer Blick aus den kleinen dunklen bösen Augen zu bedeuten hatte. Ich stand wortlos auf, wandte ihm den Rücken zu, als wollte ich mich vor seinen Blicken schützen und streifte die Träger meiner Latzhose über die Schultern. Während mich meine Mutter zärtlich anschaute, hob ich den Stock auf, um dem Schäfer zu helfen, die Schafe auf den Hof zu treiben. Meine Mutter strich mir mit der Hand über die Wange, und das Kratzen der Hornhaut war wie eine Ermahnung an mich Dreckspatz. Ich zog den Rotz in meiner Nase hoch und küßte entschuldigend ihre Hand. Mein Vater stöhnte schon wieder drohend, und ich beeilte mich, aus seiner Reichweite zu kommen.

Unterwegs dachte ich darüber nach, was sie jetzt wohl miteinander sprachen: »Er ist noch ein Kind, du solltest Allah fürchten«, hörte ich sie sagen, worauf er zurückschimpfte: »Wenn du ihn verweichlichst, wird er nie ein Mann!« und: »Weiber erziehen keine Ochsen.«

Meine Mutter aber antwortete bestimmt: »Nur Esel werden geschlagen.«

Und mein Vater erzählte jetzt wahrscheinlich, was er als kleiner Junge leisten mußte und daß er allein mit zweihundert Schafen in den Bergen übernachtet hatte.

So war meine Mutter, sie hat uns immer vor dem Vater verteidigt. Oft hat sie sich sogar zwischen uns gestellt, um die Schläge, die uns treffen sollten, abzufangen.

Während ich auf den Schäfer wartete, beobachtete ich die Leute aus der Stadt, wie sie vollgepackt aus den kleinen Geschäften im Dorf kamen, wo sie frisches Obst und Gemüse und Käse vom Bauern gekauft hatten – Köstlichkeiten, wie sie in der Stadt nicht zu finden waren. Ich konnte mir nicht vorstellen, wie die Frauen auf ihren hohen, dünnen Absätzen bequem gehen konnten. Ich sah sie daherstaksen und kaum das Gleichgewicht halten. Meine Schwestern und meine Mutter machten sich oft über sie lustig, und meine Schwester ahmte sie manchmal sogar nach, indem sie ihre Hände in die Hüften stemmte und wie eine Ente drauflos watschelte.

Wenn diese Leute uns besuchten, blieben sie vor der Tür stehen, bis meine Mutter und mein Vater ihren Kopf bedeckt hatten und meine Schwester, die sich gerade hingelegt hatte, aufgestanden war.

Sie traten ein, den Blick auf den Boden gerichtet, begrüßten meinen Vater mit Handschlag und meine Mutter durch ein Kopfnicken. Meine Schwestern und meine Mutter ließen den Besuch bei meinem Vater und gingen nach draußen zur Kochstelle, wo sie blieben, bis der Besuch gegangen war.

Das Läuten der Glocke des Leithammels rüttelte mich wach und erinnerte mich daran, warum ich hier war. Ich schaute auf den Abhang und sah die Schafe eines nach dem anderen heruntersteigen, angeführt vom Esel und dem Schäfer. Der Anblick erinnerte mich an eine Schlange, die gemächlich den Abhang hinabgleitet.

Ich pfiff nach den Hunden, und sie stürmten auf mich zu. Der eine sprang von vorn an mir hoch, der andere von hinten, und ich verlor das Gleichgewicht, so daß wir uns zu dritt auf dem Boden wälzten. Auf diese Weise spielten wir, bis die Herde die Straße erreichte.

Ich begrüßte den Schäfer, und wir warteten, bis sich alle Schafe zusammengefunden hatten. Ich fragte ihn, ob wir auf ein krankes oder junges Schaf besonders achten müßten. Dann ging es weiter. Ich stellte mich in die Kurve und gab den Autos mit einem Stock Zeichen, daß sie langsam fahren sollten. Das war das schwierigste, denn viele Fahrer gaben nicht acht und beschimpften uns aus ihren Autos. Wir gingen mit den Schafen auf der rechten Straßenseite, ein Hund vorne, ein Hund hinten, damit die Autos links an uns vorbeifahren konnten. Die Schafe, deren Lämmchen zu Hause geblieben waren, begannen aufgeregt nach ihren Kindern zu schreien und rannten voraus, denn sie hatten das Meckern ihrer Kleinen schon gehört. Die Hunde liefen ihnen nach und versuchten vergebens, sie zu den anderen zurückzutreiben. Je näher wir dem Stall kamen, wo die Kleinen endlich ihre Milch bekamen und die Schafe gemolken wurden, desto schneller liefen die Mutterschafe, bis die Hunde es schließlich aufgaben, sie zurücktreiben zu wollen.

In diesem Augenblick ließen mein Vater und meine Schwester die Lämmchen heraus. Die Schafe kamen von der einen und die Lämmchen von der anderen Seite gerannt. Überglücklich trafen sie sich nach einem langen Tag der Trennung. Nach einigen Minuten lautstarker Begrüßung ebbte das Meckern der Kleinen und das Schreien der Schafe ab, und die Lämmchen knieten still am Euter der Mutter und saugten gierig. Die Mutterschafe drehten sich zur Seite und leckten am Hinterteil der Lämmchen, so daß diese vor Behagen zitterten. Alle Lämmchen waren inzwischen zufrieden, nur eines lief noch herum und suchte meckernd meine Schwester, die ihm immer ein Fläschchen gab. Sie hatte nach dem Tode seiner Mutter deren Stelle eingenommen.

Keiner von uns bewegte sich. Selbst die Blätter der Bäume wurden nur ganz sanft vom Wind gefächelt, als wollte auch er nicht stören. Das Blau des Himmels war von tiefer Klarheit, nachdem sich die Wolken zu den Bergen zurückgezogen hatten, wo sich die Abendsonne hinter den letzten grauen Wolkenfetzen verbarg, als wollte sie mit uns Versteck spielen. Oh, wie sehr ich doch dieses Bild liebte!

Mein Vater war der einzige, der auf Zehenspitzen zwischen den Schafen herumging, um zu schauen, ob sie tagsüber genug gefressen hatten. Waren sie gesund? Waren alle zurückgekommen?

Jedes hatte einen Namen, und er pflegte sie, wenn sie einmal krank waren. Manchmal war er mit seinen Schafen nicht zufrieden; dann machte er dem Schäfer das Leben schwer, indem er ihn mißtrauisch ausfragte, wo er sie geweidet hätte.

Der allgegenwärtige Mißmut meines Vaters verschwand aus seinem Gesicht und verwandelte sich in Freundlichkeit, wenn er sich seinen Schafen näherte. Er neigte sich zu ihnen herab, und seine Lippen bewegten sich, als ob er sie nach ihren Sorgen fragte. Er entfernte Schmutz und Kletten aus ihrem Fell, und viele Schafe schauten nach ihm und suchten seine Nähe. Wenn sie sich aufgekratzt hatten, rieb er die verletzte Haut mit Öl ein – mit mehr als dazu nötig war.

»Nicht so viel Öl!« rief dann meine Mutter. »Die Oliven, aus denen das Öl ist, habe ich zwischen den Steinen aufgelesen. Du weißt nicht, welche Arbeit das ist, du sollst Allah fürchten!«

Ich versuchte zu verstehen: Was heißt Allah fürchten? Die, die Allah fürchten, haben Tränen in den Augen, das hatte ich in der Schule gehört. Doch bei meinem Vater hatte ich nie Tränen gesehen. Vielleicht weil er keinen Vater gehabt hatte, der ihn schlug.

Mein Vater goß weiter Öl auf die Wunden der Schafe, als wenn jemand Schmutz mit Wasser abwäscht. »Was verstehen denn Weiber von Pflege! Du hast ja keine Ahnung!« Sein Tonfall war voller Verachtung, so, als ob er auf etwas spuckte.

Der Schäfer redete auf meinen Vater ein und versuchte ihm zu verstehen zu geben, daß Im Ibrahim, meine Mutter, recht hätte und uns die Bäume nicht immer so viel Öl bescherten, daß es das Jahr über reichte.

Seit heute morgen stritten meine Eltern so über den Ölverbrauch. Mein Vater beschimpfte meine Mutter, daß sie eine Frau ohne Maß sei.

Bei anderen Gelegenheiten richtete sich der Zorn meines Vaters gegen mich. Besonders dann, wenn irgendetwas mit den Schafen nicht so lief, wie er es sich vorstellte. Ich war dann wie versteinert, wußte, was mich erwartete. Doch wohin sollte ich fliehen? Seine Steine trafen immer die Köpfe. Am Kopf, so meinte er, wären sie besser, weil sie dort Spuren hinterließen und den Getroffenen eine Lektion erteilten. In der Schule hatte ich auch schon vom Lehrer gehört, daß die Schüler, die nicht von ihren Eltern geschlagen werden, nichts lernen.

An diesem Tag aber brauchte ich kein schlechtes Gewissen zu haben, denn ich hatte nichts getan, was er mir verboten hatte: Ich war den ganzen Tag bei den Lämmern gewesen und hatte nicht, wie ich das sonst manchmal heimlich tat, mit meinen Freunden gespielt. So war ich beruhigt, als ich auf dem Gesicht meines Vaters las, daß er mit dem Wohlbefinden der Lämmchen zufrieden war.

Inzwischen waren die Lämmchen satt, und aus ihren Mäulern tröpfelte noch etwas Milch. Die Schafe ließen sich ermattet auf der Erde nieder, reckten den Kopf nach vorne und schlossen die Augen. Die Lämmchen, gesättigt und voller Energie, spielten miteinander, sprangen in die Luft und rannten hin und her, als machten sie einen Wettlauf. Aus Übermut sprangen sie zwischendurch auf ihre Mütter und rieben ihren Kopf in ihrem Fell. Die Mütter aber stießen mit dem Kopf gegen ihre Kinder, um ihnen zu zeigen, daß sie jetzt in Ruhe gelassen werden wollten. Mein Vater jagte die Lämmchen fort und rief dem Schäfer zu, daß wir mit dem Melken beginnen sollten. Nun mußten wir uns beeilen, die Schafe zu melken, die keine Lämmer hatten oder deren Lämmer schon größer waren. Ich schaute zum Himmel, und es war in der Tat höchste Zeit anzufangen, da sich die Sonne schon über den Bergen von uns verabschieden wollte.

Der Schäfer befestigte einen starken Strick mit einem Keil in der Erde. An diesem Strick waren auf beiden Seiten abwechselnd Schlaufen angebracht, die den Schafen beim Melken um den Hals gelegt wurden.

Einmal fragte ich meinen Vater, warum abwechselnd ein Schaf auf der linken und eines auf der rechten Seite angebunden werde müsse. Ich weiß noch heute, wie er mir antwortete: »Du Dummkopf, wenn sich die Schafe von einer Katze erschrecken lassen, werden sie zurückgehalten und brechen nicht aus!«

Wortlos verfluchte ich meinen Vater und erzählte kurze Zeit später meiner Mutter, daß mein Vater »Dummkopf« zu mir gesagt hatte.

Tröstend sprach sie: »Er ist ein Dummkopf, und du hast mehr Ahnung als er!«

Ich lachte und küßte ihre Hand.

Meine älteste Schwester holte ihre Milchkanne und stellte sie auf die hohe Steinmauer neben dem Feigenbaum. Mariam hielt die Schafe am Kopf und am Körper fest, während die andere Schwester sie molk. Der Schäfer befreite dann jedes gemolkene Schaf aus seiner Halsschlaufe und streifte sie dem nächsten Tier über. Wie üblich jammerten und fluchten die drei bei ihrer Arbeit über das Wetter. Sie fanden immer etwas, das ihnen nicht gefiel. Besonders laut aber schimpften sie an diesem Abend über die fremden Herden.

Der Schäfer erzählte von den fremden Schäfern, ihren Herden und wo sie gerade übernachteten. So etwas machte meinen Vater zornig, und er spuckte aus und schlug sich auf das Gesicht. Er mochte die fremden Herden nicht, die zu dieser Jahreszeit in die Nähe unseres Dorfes getrieben wurden und unserer Herde alles wegfraßen. Schon oft hatte mein Vater dem Dorfpolizisten ein Lämmchen gegeben, damit er die Fremden mit ihren Tieren davonjagte.

Meine jüngere Schwester und ich hielten einen Stock in der

Hand, mit dem wir die anderen Schafe in Schach hielten. Um uns nicht zu langweilen, spielten wir oft ein Spiel. Mariam zwinkerte mir zu und deutete mit dem Kopf in Richtung Milchkanne. Sie verhielt sich ruhig, damit mein Vater nicht aufmerksam wurde und drauflosschimpfte. Ich schaute in die angegebene Richtung und entdeckte unsere Katze neben der Milchkanne. Unsere Blicke trafen sich, und wir sahen uns starr an, bis ich zwinkern mußte, weil mir die Augen brannten. Als ich meine Augen wieder öffnete, war von der Katze nur noch das Hinterteil zu sehen, ihr Kopf aber steckte in der Milchkanne. Schadenfroh hetzte ich unseren Hund auf sie, worauf sie blitzschnell davonrannte und sich auf den Feigenbaum rettete. Ich hörte, wie der Hund bellte, die Katze fauchte, und der Hund plötzlich vor Schmerzen zu winseln begann. Mit zerkratzter Schnauze kam er dann auch schon angekrochen, um bei uns Schutz zu suchen. Wir lachten laut über ihn, und schon war die Stimme unseres Vaters zu hören: »Lacht nicht, ihr erschreckt die Schafe!« Und an meine Schwester gerichtet kam noch die Ermahnung: »Lach nicht wie die Männer!«

Sie zitterte vor Schreck und schaute zur Seite. Doch sie ging nicht wie ich zu unserer Mutter, um sich über den Vater zu beschweren.

Ich näherte mich ihr, streichelte ihr über die schwarzen, lockigen Haare und bemerkte den Glanz der Tränen in ihren Augen. Ich wandte meinem Vater den Rücken zu und flüsterte ihr zu: »Er ist ein alter Narr!« Wobei meine Faust aus Wut über ihn zitterte.

»Schimpfe nicht über deine Eltern«, flüsterte mir meine Schwester zu.

Trotzig entgegnete ich: »Wer uns Kinder schlägt und beschimpft, ist kein Vater. Das tut nur einer, der uns quälen will, weil wir klein sind und uns nicht wehren können?«

Sie blickte nach oben, überlegte eine Weile und fragte mich dann: »Hast du keine Angst vor dem Fegefeuer?« Ihre Worte ängstigten mich zwar, aber ich konnte mir auch nicht vorstellen, nicht auf meinen Vater zu schimpfen, wenn ich mich ungerecht behandelt fühlte.

Meine älteste Schwester molk in einen kleinen Blechbehälter

und kippte dann die Milch in die große Milchkanne auf der Mauer. Ich zählte manchmal mit, wie oft der kleine Behälter schon gefüllt war, und wenn der Schaum sich oben auf der großen Kanne absetzte, wußten wir, daß es nicht mehr sehr lange dauerte, bis wir fertig waren und endlich etwas zu essen bekamen.

Der Geruch des Abendessens, das meine Mutter inzwischen unter dem Dach neben der Haustür vorbereitet hatte, stieg uns verlockend in die Nase. Es roch lecker: gebratene Auberginen mit Knoblauch, Joghurtsauce und Linsensuppe.

Meine Mutter hatte es eilig. Sie pumpte das Gas stark und schnell in den Kocher. Das Dröhnen der Flamme war in der ganzen Umgebung zu hören. Meine Mutter mochte dieses Geräusch. Sie hockte sich vor den Kocher und führte Selbstgespräche. Manchmal zählte sie dort auch an den Fingern ab, wann der nächste Mehlsack gekauft werden mußte. Genug zu essen zu haben, war für uns ein großes Problem, das mir nachts oft Angst machte.

Während wir die Lämmer von den Schafen absonderten, erledigte meine älteste Schwester die letzte Arbeit des Tages. Sie ließ die Milch durch ein schneeweißes Tuch laufen und scheuchte alle fort, die um sie herum waren – auch meinen Vater, denn sie wollte nicht, daß Schmutz in die Milch kam. Danach schüttete sie die Milch aus der Kanne in einen großen Kessel, der von außen rußig und schwarz und von innen so sauber war, daß man sich darin spiegeln konnte. War der Kessel voll, trug sie ihn mit dem Schäfer, der sich zuvor die Hände waschen mußte, auf einen erhöhten kühlen Platz neben der Haustür. Der Kessel wurde dort mit einem sauberen Tuch bedeckt und blieb so über Nacht stehen. Am nächsten Tag wurde dann die Milch zu Joghurt verarbeitet.

Ich wurde aus meinen Gedanken gerissen. Endlich gab es Essen. Meine Mutter füllte die Suppenteller und verteilte sie mit den Worten: »Laßt es euch schmecken, ihr habt es verdient.«

Mein Vater aß nicht mit uns. Er ging zu den Schafen und versuchte herauszufinden, wie das Wetter am nächsten Tag sein würde. Erwartete uns Regen oder Sonnenschein? Er mochte Regen. Wenn es dann aber regnete, blitzte und donnerte und überall das Wasser floß und die Schafe und wir selbst bitterlich froren, änderte sich sein Wunsch sehr schnell: »Allah, laß es aufhören zu regnen und die Sonne wieder scheinen, damit das Gras wächst!«

Und er hörte nicht auf, so drauflos zu reden, bis sich meine Mutter oder meine Schwester über ihn lustig machten: »Du hast Allah nicht für dich reserviert.«

In dieser Saison aber war er zufrieden. Es hatte reichlich geregnet und grünte nun überall. Alle aus dem Dorf hatten ihm gratuliert.

»Du sollst Allah danken und zwei Kerzen für die Mutter Gottes anzünden«, sagten die Leute, wenn sie bei uns vorbeigingen.

Er lachte, als könne er ihre Gedanken lesen: »Jeder bekommt *elba*! Macht euch um eure Bäuche keine Sorgen!«

Oft gab es Streit zwischen meinem Vater und meiner Mutter, wer das erste *elba* bekommen sollte. Mein Vater wollte es immer befreundeten Städtern geben. Meine Mutter aber wollte es mit den Dorfbewohnern gegen Gemüse tauschen. Der Dampf aus dem Suppentopf, der in der Mitte stand, erhitzte bei diesem Streit die Gesichter.

Unsere Augen tränten, die Zunge brannte, und wir aßen mit Appetit. Ich aß sehr schnell, denn ich wollte, solange es noch hell war, mit meinen Freunden spielen, die auf dem Kirchplatz auf mich warteten. Ein plötzliches Räuspern meines Vaters ließ mich meine Suppe noch schneller löffeln. »Langsam, daß du dir die Zunge nicht verbrennst«, ermahnte mich meine Mutter und schob mir den Teller näher heran, damit die Suppe nicht auf die Matte tropfte.

»Heute wird draußen nicht mehr gespielt«, befahl mein Vater und hob drohend seinen Stock.

»Er ist ein Kind und darf spielen wie alle Kinder!« entgegnete meine Mutter.

»Er ist ein Esel, und er ißt auch wie ein Esel und soll dafür arbeiten.«

Die beiden fingen zu streiten, und mein Vater beschimpfte mich mit schmutzigen Worten, die meine Schwestern und den Schäfer erröten ließen. Sie standen wortlos auf und gingen.

»Er wird später noch mal auf den Strich gehen, nur um wieder eine Eintrittskarte fürs Kino zu bekommen!«

Die Worte meines Vaters machten mich so wütend, daß ich am liebsten mit meinem Teller nach ihm geworfen und ihn laut angeschrien hätte. Meine Mutter weinte laut und schlug sich ins Gesicht, wie sie es in solchen Augenblicken oft tat und bat ihn, nicht so über seine Kinder zu sprechen. Sie schaute mich an, und ich konnte auf ihrem Gesicht lesen, daß sie mich anflehte, nachzugeben und zu bleiben. Ich schlich mich des öfteren aus dem Haus, doch ich hatte nicht vor, noch einmal ins Kino zu gehen. Der Geschmack des Blutes war noch in meinem Mund.

Damals, vor etwa einer Woche, war ich abends heimlich ins Kino gegangen. Nur meine Mutter hatte es gewußt. Sie hatte mir das Eintrittsgeld zugesteckt, das sie mit den Eiern, die sie verkaufte, verdient hatte. Ich kam damals spät nach Hause, in der Hoffnung, daß mein Vater schon schlafe. Möglichst leise kletterte ich an der Hauswand hoch, um auf dem Hausdach zu übernachten. Plötzlich sah ich seine Gestalt hinter mir. Sein Atem war heiß wie der eines Stiers. Er packte mich am Arm, zog mich in den Stall und suchte nach einem Stock, um mich zu schlagen. Aus Angst versagte mir die Stimme, so daß mich meine Mutter nicht hören konnte. Die Schläge prasselten auf mich nieder, und ich hatte das Gefühl, als ob mein ganzer Kopf anschwelle. Mein Vater bespuckte mich und beschimpfte den Vater meiner Mutter, daß er ein Zuhälter sei. Ich spürte, wie mir das warme Blut über das Gesicht floß und schmeckte es auf meinen Lippen. Der Stock zerbrach, und mein Vater schlug weiter mit den Händen auf mich ein und trat mich mit den Füßen.

Auf dem Schoß meiner Mutter kam ich wieder zu mir und hörte nun viele Stimmen auf meinen Vater einschimpfen.

Die Erinnerung an jenes Ereignis war so schmerzhaft, daß ich auch an diesem Abend früh schlafen ging. In meiner Phantasie stellte ich mir vor, daß mein Vater sterben müßte und von den Männern aus dem Dorf im Sarg davongetragen und auf einen Misthaufen geworfen würde. Meine Mutter aber stimmte einen Freudengesang an. Ich wünschte mir, daß alle seine Schafe stürben, damit er sich so auf das Gesicht schlage wie damals, als der Leithammel starb.

An diesem Abend wünschte ich mir auch, daß meine Schwester mit einem fremden Mann abhaue wie Maria, unsere Nachbarin, so daß sich mein Vater schämte und nicht mehr auf die Straße wagte. Ja, daß er sich, wie er oft sagte, mit Mist einriebe. »Wer sich auf die weibliche Erziehung verläßt, muß damit rechnen, daß es ihn seinen Schnurrbart kostet«, pflegte er gern zu behaupten. Mein Vater meinte, daß er seine Kinder unter dem Einfluß seiner Frau nicht richtig erzogen und nicht genug geschlagen hätte.

Mir trug mein Vater eines Tages auf, unsere Schafe auf dem Weideplatz des Nachbarn weiden zu lassen. Ich war empört und entgegnete, daß mir das zu gefährlich wäre, doch er erwiderte nur: »Der Nachbar hat keine Zähne mehr, um zu beißen!« Seitdem das mit der Tochter der Nachbarn passiert war, vermied meine Familie den Besuch bei ihnen. Oft sah ich die Nachbarsmutter allein an der Wasserquelle stehen.

Ach wie beruhigend war es doch, wenn ich meiner Phantasie freien Lauf ließ. Ohne sie hätte ich das Gefühl gehabt, explodieren zu müssen. Meine Phantasie war der einzige Freund, der mir zuhörte. Wie oft hatte ich meine Mutter gefragt, warum mich mein Vater so schlug. Nie bekam ich auf diese Frage eine Antwort. Nachdem er mich einmal sehr schmerzhaft zugerichtet hatte, baute ich mich vor meiner Mutter auf und wollte von ihr wissen, warum, um alles in der Welt, mich mein Vater so oft ohne Grund schlug. Sie erwiderte darauf: »Wenn du dich später in der Fremde rasierst, mußt du keine Schläge mehr ertragen.« »Warum soll ich mich später in der Fremde rasieren?« Sie umarmte mich: »Wie deine großen Brüder!« Ich verstand überhaupt nichts, doch rasierte ich mir danach öfter meine spärlichen Barthaare, damit sie schneller wüchsen. Später fand ich heraus, daß meine Brüder so wie ich von ihm geschlagen worden waren und daß er bei mir Angst hatte, auch ich könnte das Haus verlassen, wo er mich doch so gerne bei sich gehalten hätte, damit ich ihm die Schafe hütete.

Nachdem ich meinen Vater in Gedanken zwei-, dreimal getötet und auf sein Grab gepinkelt hatte, wurde mein Blick zum Mond gelenkt. Von meinem Schlafplatz aus sah ich ihn hinter dem Fenster warten. Sobald ich ein Auge schloß, sprang er zur einen Seite, öffnete ich das Auge wieder, sprang er zur anderen. Fixierte ich ihn aber mit beiden Augen, fing er an zu tanzen. Schloß ich meine Augen, so wurde er zunächst rot, dann schwarz. Öffnete ich sie dann blitzschnell, fand ich ihn dort wieder, wo ich ihn zuerst angetroffen hatte.

Die schweren Schritte meiner Mutter unterbrachen mein Versteckspiel. Sie schlurfte gebückt, die Hände gegen den Rücken gepreßt, auf ihr Bett zu und warf dabei den Kopf vor und zurück. Mit letzter Kraft schleppte sie sich durch den Raum, seufzte tief und verfluchte die Zeit. Sie wünschte sich immer einen ruhigen Tag oder zumindest die Gelegenheit, einmal auszuschlafen. »Allah, vergiß mich nicht!« Ihre Worte schlugen wie ein Hammer auf meinen Magen, und ich hatte das Gefühl, laut weinen zu müssen. Nun ließ sie sich langsam auf das Bett nieder, atmete tief durch, dankte Allah mit freundlichen Worten und begann sich auszuziehen. Zuerst löste sie ihr Stirnband und versteckte Geld und Süßigkeiten. Danach band sie ihren bunten Gürtel los. Beides verbarg sie unter ihrem Kopfkissen und baute sich einen Berg von alten Kleidern und Kissen auf. »Viele Kopfkissen sind ein gutes Rezept gegen Rückenschmerzen«, pflegte unsere Nachbarin zu sagen. Meine Mutter schlief auf vielen Kopfkissen ein. Nachts stand sie ab und zu auf und warf ein paar Kopfkissen fort, bis am Morgen nur noch ein oder zwei übrig waren.

Doch noch war es Abend und meine Mutter damit beschäftigt, sich für die Nacht zurechtzumachen. Sobald sie den Kopfkissenberg fertig hatte, zog sie sich eine Decke über den Kopf und verschwand darunter. Ich merkte, wie ihre Hände sich unter der Decke bewegten, als ob sie sich ausziehe. Endlich tauchte sie wieder auf, freundlich und sauber, und blickte zärtlich zu uns herüber. Ihre schneeweißen Haare glänzten im Licht einer alten Öllampe. Von weitem hätte man meine Mutter für ein großes, müdes Lämmchen halten können. Doch vor dem Einschlafen gab sie sich noch ihrer Lieblingsbeschäftigung, dem Haarekämmen, hin. Wie schön sie das machte! Der Anblick beruhigte mich und ließ mich nicht los. Sie schloß die Augen und nahm den handlichen Kamm, den sie von Zigeunern gegen Oliven getauscht hatte. Gekonnt scheitelte sie sich das Haar. Mit der einen Hand faßte sie den Scheitel, mit der anderen, in der sie den

Kamm hielt, zog sie die Haare herunter. Das Knistern ihrer Haare war das einzige, was man jetzt hörte. Ihren Oberkörper beugte sie dabei nach unten, und es sah aus, als betete sie. Zwischendurch befreite sie den Kamm von ihren langen, weißen Haaren, die sie um ihren großen Zeh wickelte. Sie kämmte sich, bis sie vor Müdigkeit zur Seite fiel. Mit geschlossenen Augen tastete sie noch nach uns, um uns richtig zuzudecken.

Wir konnten erst einschlafen, wenn sie uns zugedeckt hatte. Nur wenn sie von meinem Vater noch etwas wollte, blieb sie wach und wartete, bis er hereinkam. Ich wußte, daß sie sich Zeit nahm, um mit sich zu sprechen oder etwas an ihren Fingern abzuzählen. Zwischendurch fragte sie mich freundlich nach dem Datum und wann es Schulferien gebe und meine Brüder aus der Fremde kämen.

In der Ecke neben dem Kochplatz kniete unterdessen Mariam und bereitete noch den Brotteig vor. Ihr blasses, müdes Gesicht war im Schein der Öllampe gelb wie eine Zitrone. Ihre Augen hatte sie halb geschlossen. Um diese Zeit war sie todmüde von ihrer pausenlosen Arbeit. Was tat sie nicht im Laufe eines Tages! Wenn ich mich heute an unseren Kleiderschrank erinnere, denke ich an ein Kunstwerk aus Farben und Formen, die Wäsche sorgfältig von Mariam geordnet und peinlich genau aufeinandergelegt. Selbst wenn meine Mutter Mariam zum Essen rief, kam sie oft nicht, sondern arbeitete weiter. Ohne Mariam hatte ich, wie meine Geschwister, das Gefühl, daß das Haus leer sei. Wenn sie auf den Markt ging, wartete ich hungrig, bis sie zurückkam. Ich konnte sie zu jeder Zeit um etwas bitten. Wie schön das doch war, warm, besänftigend und schützend. Wie oft dagegen die Erfahrung, meiner Mutter zur Last zu fallen.

Mariam fluchte nie und schimpfte auch nie über andere. Alle Leute in unserem Dorf schworen auf ihre Ehre, und die alten Männer beneideten meinen Vater um seine Tochter: »Abu Ibrahim, du hast einen unbezahlbaren Schatz. Mit ihrer Ehre und ihrer Kraft und Geduld kann man nicht nur 500 Schafe halten, sondern ebensoviele Schafherden erhalten. Sie ist dein Glück.«

Mein Vater war stolz auf sie. Er hatte nie mit ihr geschimpft, und er hoffte, daß sie gesund bleiben möge. Wann immer er von ihr sprach, dankte er Allah für dieses Himmelsgeschenk. Ohne Mariam hätten wir barfuß laufen und unsere Ehre auf dem Viehmarkt ausstellen müssen. Ihre grenzenlose Geduld war ein Wunder. Selbst wenn sie starke Zahnschmerzen hatte, hockte sie sich neben die Tür in eine Ecke, und die Tränen liefen lautlos über ihre Wangen.

Manchmal gab mir meine Mutter einen Piaster, damit ich für Mariam dort, wo die laut schreienden Männer saßen, Kaffee schlürften, Zigaretten rauchten und Karten auf den Tisch schlugen, Eiswürfel zur Kühlung holte. Meine Mutter machte sich Sorgen um Mariam und meine anderen Schwestern. Manchmal saß sie neben dem bis oben mit frischer Schafsmilch gefüllten Kessel auf der Feuerstelle, schöpfte hin und wieder die Sahne ab und führte, in sich vertieft, Selbstgespräche. Mir wurde bald klar, um was ihre Gedanken kreisten: Die Männer, die für ihre Töchter in Frage kamen, waren in der Fremde, im Krieg gestorben oder im Gefängnis.

Dazu kam aber noch ein Problem. Die meisten Männer wollten gebildete Frauen, die zumindest lesen und schreiben konnten. Andere bleiben heute oft als Mauerblümchen übrig. Ich fragte meine Mutter, warum meine Schwester Mariam nicht in der Schule gewesen war und nicht geheiratet hatte.

Sie lachte bitter und erwiderte spöttisch: »Wie hätte denn unser Pascha seine 500 Schafe alleine hüten sollen!« Später erfuhr ich, daß meine Schwester nur eine Stunde zur Schule gegangen war.

Unheimlich sah der Schatten aus, den Mariams geduckte Gestalt an die Wand warf, wenn sie, auf dem Boden hockend, in einem Sieb zwischen den Beinen das Mehl siebte und ihre Arme dabei ruhelos hin und her bewegte.

Nachdem meine Mutter auch Mariams Haare gekämmt und zu zwei dicken Zöpfen geflochten hatte, rief sie meinen Vater, der noch draußen war und sich mit dem Schäfer unterhielt. »Komm, beeile dich, wir wollen das Licht ausmachen, wir sind müde.« Ihre Stimme klang streng, und ich ahnte, daß sie etwas von ihm wollte. Mir gefiel ihr Ton, und ich erinnerte mich später noch oft daran.

»Allah möge dir Kraft geben! Mach dir keine Sorgen um mich,

ich bin noch nicht müde«, rief er ihr dann freundlich von draußen zu.

Sie aber wiederholte ihre Bitte lauter und schaute böse zum Hof hinaus, wo sich mein Vater noch immer aufhielt.

Mariams Stimme beendete den Wortwechsel zwischen meinen Eltern. Sie wollte wissen, wieviel Brot sie heute backen sollte. Ohne Mariam anzuschauen, zählte meine Mutter an ihren Fingern und fragte dann: »Wie hoch war das Mehl im Sack?« Nun tauschten sie gegenseitig Blicke aus, und es war, als unterhielten sich ihre Augen. Mariam antwortete sanft, so wie es ihre Art war: »Mütterchen, laß uns morgen Makaroni kochen.«

Miriam zog mit ihren Fingern ein Kreuz durch das Mehl und goß so lange Wasser darauf, bis das Kreuz voll war. Mit beiden Händen knetete sie dann den Teig. Ihr Körper ging dabei auf und nieder, und neugierig beobachtete ich, ob bei dieser Kraftübung etwas Teig aus der Schüssel sprang. Ich saß aufrecht im Bett und fragte ängstlich: »Wie weißt du, Mariam, daß wir Gäste bekommen?«

»Na, du kleiner Nichtsnutz, du siehst doch, daß das Brot schon aus der Schüssel gesprungen ist.«

Ich kaute an einem Zipfel meiner Bettdecke und fragte nochmal: »Soll ich Zucker und Sesam holen?«

»Kleiner Nimmersatt, deinen Kuchen vergeß' ich schon nicht.«

Ihre Worte ließen mir das Wasser im Mund zusammenlaufen.

Mein Vater lag inzwischen in seinem Bett, das am Fußende unserer Betten stand. Von ihm war nichts mehr zu sehen, selbst sein kleiner schwarzer Kopf steckte unter der Decke. Meine Mutter hatte sich neben ihm ausgestreckt und starrte an die Decke: »Die Kinder wünschen sich, wie alle normalen Kinder, etwas zum Anziehen.«

»Man kann nicht alle Wünsche erfüllen«, erwiderte er ungerührt. Dann kratzte er sich an der Nase und sprach weiter: »Ich wünschte, ich könnte mir auch ein Paar Schuhe kaufen. Allah möge dir Weisheit schenken, schlaf jetzt und sei mit dir barmherzig, morgen sprechen wir darüber.« Er drehte sich zur Seite, zog sich die Decke über den Kopf und ließ nur noch ein Gähnen hören.

»Es hat viel geregnet, alles ist grün, und nur die Herzen sind schwarz«, sprach meine Mutter, ohne sich um sein Gähnen zu kümmern.

»Allah sei Dank, so können wir dieses Jahr das Heu für den Winter bezahlen«, versuchte mein Vater das Gespräch zu beenden.

»Deine Kinder sind auch deine Schafe, sie haben auch eine Seele«, ließ meine Mutter ihren Mann nicht zur Ruhe kommen. Sie zog ihm die Decke über dem Kopf weg und sagte laut: »Mit Geschenken und dem Ausgeben von Getränken bist du unübertrefflich. Allah möge dich vor bösen Augen schützen.« Sie schlug ein Kreuz über seinem Kopf.

»In meiner Tasche«, brummte er, »verstecke ich keinen Pfennig. Du weißt, wo die Geschenke landen.«

»Komm, laß uns rechnen«, antwortete meine Mutter. Und so begann sie mit einer ihrer endlosen Rechnereien. Mein Vater stützte seinen Kopf in die Hände, während sie an den Fingern abzählte. »Ein Lämmchen für den Gendarm«, begann meine Mutter, und ich hörte, wie sie die Luft durch die Nase zog und sah sie mit dem Kopf nicken.

Ich sagte: »Das war doch das Geschenk, damit er die fremde Herde vertrieb.«

»Ein Lämmchen auch für den Bey«, bemerkte mein Vater stolz, richtete den Blick auf meine Mutter und lachte: »Du wußtest ja, er sieht nicht hin!«

»Ja, ohne seine Kurzsichtigkeit hätten wir fünf Dinar bezahlen müssen, oder ich hätte einen Monat Ruhe vor dir gehabt. Am besten nimmst du die städtischen Weiden nicht so oft in Anspruch, damit es mit der Zeit nicht noch teurer wird!«

Meine Mutter zählte schnell und nervös ab, wie viele Lämmchen mein Vater noch verschenken würde: »Eines für den Tierarzt, eines für den Muchtar, eines für den Polizisten, eines als Opfer...«

Mein Vater unterbrach sie: »Vergiß den Schäfer nicht, er bekommt als Lohn zehn Lämmer, und für den Rest kaufen wir Heu und unser Mehl.« Er gähnte und legte sich endgültig zum Schlafen nieder.

Es herrschte Stille, doch es war die Ruhe vor dem Sturm. »Auf ein Schaf mehr oder weniger kommt es dir wohl nicht an?« platzte es aus meiner Mutter heraus.

Das Wort Schaf ließ meinen Vater wieder wach werden. »Was sagen die Leute, wenn ich ein Schaf verkaufe?« Seine Stimme war zornig. »Ehre«, höhnte meine Mutter, »oh, laß die Ehre morgen die Schafe melken«, und legte ihren Arm zärtlich um uns Kinder mit den Worten: »Ich habe den Kleinen neue Kleider versprochen. Ich schwöre auf die Seele meiner Mutter und meines Vaters, daß ich ihre Wünsche erfülle und wenn ich in der Kirche putze.«

Daß sie so mit ihm redete, machte mich glücklich. Noch Jahre später dachte ich oft an ihre Worte.

Sodann hörte ich ihn fragen: »Welches Schaf sollen wir verkaufen und an wen?« Seine Stimme klang, als käme sie von weither.

»Das Schaf, das du das verrückte nennst. An Abu Elias.«

»Wie weißt du, daß Abu Elias ein Schaf kaufen will? Habt ihr etwa den Handel schon abgeschlossen?« Er fragte sie ängstlich und unsicher.

Sie lachte, während sich die Grübchen in ihren Wangen vertieften. »Mit euch Männern mache ich solche Geschäfte nicht. Seine Frau Im Elias hat mir aber heute an der Wasserquelle anvertraut, daß sie sich ein Schaf für die tägliche Milch wünscht, und ich habe ihr eines versprochen. Laß uns jetzt aber schlafen, morgen haben wir wieder so viel zu tun. Oder möchtest du noch etwas essen?« Das sagte meine Mutter schon fast im Halbschlaf.

Mariam hatte das Brot unterdessen vorbereitet, das sie am nächsten Morgen in der Dorfbäckerei backen wollte. Sie stellte die Flamme der Öllampen niedrig, ging fast schlafend auf ihr Bett zu und ließ sich erschöpft hineinfallen.

Wie lange ich noch wachblieb, weiß ich nicht mehr. Ich erinnere mich jedenfalls nicht, das Schnarchen meines Vaters gehört zu haben.

Ein Klopfen an der Tür schreckte mich auf. Ich stieg aus dem Bett und öffnete die Tür. Draußen stand Abu Elias mit geröteten Augen, als hätte er die ganze Nacht nicht geschlafen. Er fragte nach meinem Vater. Zunächst bat ich ihn, unter dem Feigenbaum auf der Matratze, wo mein Vater seine Gäste empfing, Platz zu nehmen. Dann weckte ich meinen Vater. Der stand schlaftrunken auf, rieb sich die Augen, bedeckte seinen Kopf und ging mit den Worten »Allah schütze uns!« nach draußen zu unserem Gast. Sie begrüßten sich mit Handschlag, rieben sich mit beiden Händen das Gesicht und dankten Allah. Wie üblich unterhielten sie sich über das Wetter, das Gras und die Schwierigkeiten, neue Weideplätze zu finden.

Mitten in dieses Gespräch hinein sagte Abu Elias, daß er gerne jeden Tag frische Schafsmilch trinken möchte. »Gut«, antwortete mein Vater.

Der Gast schlug meinem Vater zustimmend aufs Bein: »Deshalb bin ich zu dir gekommen.«

Er hielt eine Weile inne und fügte hinzu: »Ich weiß, daß du nicht gerne Schafe verkaufst.«

Mein Vater war sehr stolz auf seine Schafe. Alle hatten einen weißen sternförmigen Flecken auf der Stirn, und hinter das rechte Ohr eines jeden Schafes war der Name des Eigentümers eintätowiert.

Die Stimme meiner Mutter unterbrach die beiden, und sie rief meinem Vater zu, er könne den Kaffee für den Gast holen. Sobald mein Vater bei ihr war, um den Kaffee in Empfang zu nehmen, flüsterte sie ihm zu: »Vier Dinar sind genug für unseren Freund Abu Elias.«

Mein Vater nickte und ging zurück zu unserem Gast. Danach tranken die beiden Männer ihren Kaffee, und Abu Elias steckte sich seine Pfeife an. Es wurde ein langes Gespräch. Am Ende verkaufte mein Vater ihm ein Schaf und sagte, daß er dies nur tue, weil er sein Nachbar sei. Abu Elias versprach ihm, es keinem weiterzuerzählen.

So verging ein Tag nach dem anderen. Mein Vater wurde älter, ruhiger und liebenswerter. Obwohl ich einen Bart bekam, blieb ich zu Hause, bis der Krieg begann. Auch meine Mutter wurde älter, und ihre Lachfalten gruben sich tiefer ein, doch ihre Haare waren so fest und füllig wie eh und je. Meine älteste Schwester nahm die Stelle meines Vaters ein und regelte alles, was für unsere Familie zu regeln war. Sie nahm ihre Pflicht derart wahr, daß das die Leute im Dorf dazu brachte, sie »Offizier« zu nennen. Einerseits war mein Vater stolz auf sie, andererseits war es ihm manchmal peinlich, daß er keine Mitsprache mehr hatte. Meine Mutter verlor unter dem Einfluß meiner Schwester ebenfalls ihre Macht. Seit dieser Wendung war mir klar, daß die alten Tage niemals wiederkehren würden.

Geburtstag – Schätztag

Seit meine Füße deutschen Boden betreten hatten, und bevor ich noch die Toilette aufsuchen konnte, bin ich von einem Beamten zum anderen gerannt, um Nummer auf Nummer abzuholen. In jedem Büro bekam ich eine Nummer – doch keine war wie die andere: eine kleine, eine große, eine lange, eine kurze. Zimmernummer, Etagennummer, Hausnummer, Kontonummer, Bankleitzahl, Postleitzahl, Aufenthaltsgenehmigungsnummer und die Nummer des Büros, in dem ich sie abholen sollte, die Nummer in der Schlange vor dem Büro. Nummern, Nummern, Nummern.....

Was kann man denn noch für Nummern kriegen? Wißt ihr noch welche? Zum Schluß hatte ich die Summe aller Nummern, die ich gesammelt hatte: sie ging in die Hunderttausende!

Damit diese vielen Nummern nicht alle durcheinanderpurzeln, holte ich mir vom Sperrmüll einen Schrank mit fast ebenso vielen Schubladen (schon ein Rentner von Schrank, der einsam am Straßenrand stand). Nun endlich konnte ich aufatmen und die Nummern sortieren, damit ich nicht zum Ausländeramt gehe und zum zuständigen Beamten sage: »Können Sie mir, bitte, meine Kontonummer geben?« Oder damit ich nicht auf der Bank meine Zimmernummer suche! So viele Nummern. Ach, eigentlich stören sie mich gar nicht. Mir macht es sogar Spaß, sie zu sammeln. Zu Hause hatte ich ja nur eine Zahl: die Zahl der Schafe und Lämmchen, die ich hütete.

In einer Angelegenheit aber wurde ich immer wieder ausgefragt, und im Laufe der Zeit sammelte ich darüber viele Nummern: mein Geburtsdatum. Das kam so:

»Wann sind Sie geboren?« fragte ein Beamter, ohne mich anzusehen.

Ich schaute mich nach einem Kalender in seinem Büro um, sah einen Tag rot angekreuzt und nannte ihn laut.

»Aaach! Heute!« Der Beamte stand auf und schüttelte mir begeistert die Hand, obwohl ich schon eine Stunde lang vor ihm gestanden und er mir nicht einmal die Farbe seiner Augen gezeigt hatte. Ganz fest drückte er mir die Hand: »Ich gratuliere! So einen schönen Tag für einen Geburtstag wünscht sich jeder!«

Seine Nachbarin, die einen ganzen Malkasten auf ihr Gesicht geschmiert hatte, unterbrach ihn: »Bei diesem Wetter können Sie sich ja fühlen, als ob Sie zu Hause feiern mit Mami und Papi!« Sie zeigte ihre schneeweißen Zähne, was ein Lächeln bedeuten sollte.

Ich schaute den Beamten an und fühlte mich, wie sich ein Tauber bei einer Rockmusikfete fühlen muß, und ließ mich von seiner Hand schütteln.

So oder ähnlich habe ich seither viele Geburtstage gesammelt.

Doch bei uns kennen wir das nicht. Bei uns hat nur der König Geburtstag und seine Eltern, seine Kinder und seine Frauen, von denen man nicht weiß, wieviele es sind – er weiß es selbst nicht einmal, der Ärmste! Er kann seine Frauen ja nicht in einen Schubladenschrank stecken und sortieren. Deshalb hat er auch einen Frauenminister, der Tag und Nacht bereit ist, ihn über seine Frauen zu informieren.

Am Geburtstag des Königs durften wir Kinder feiern und hatten schulfrei. Wir gingen auf die Straße mit einem großen Bild vom König und schrien. Der Lehrer war der Vorschreier: »Dreimal hoch!« und wir wiederholten im Chor: »Dreimal hoch!« »Es lebe der König!« »Es lebe der König!« »In Ewigkeit!« »In Ewigkeit!« »Amen!« »Amen!« Und so weiter, und so weiter... bis wir vor Erschöpfung umfielen und nicht wieder hochkamen. Zur Belohnung gab's Süßigkeiten, auf daß unsere Hälse bis zum nächsten Geburtstag des Königs wieder fit seien.

Doch zurück nach Deutschland. Lange Zeit waren die freigiebigen Nummervergeber mit meinen verschiedenen Geburtsdaten einverstanden. Doch eines Tages bekam ich einen Brief, den ich zehnmal durchlesen mußte, bis ich begriff, was all die Zahlen in jenem Brief zu bedeuten hatten. Dann begann ich, diese Zahlen mit denen in meinen Schubladen zu vergleichen. Nach langem

Hin und Her stellte ich fest, daß man diesmal eine Nummer von *mir* wollte!

AOK Bielefeld, den 2. 1. 1980
Aktenzeichen: A 50678. B

Sehr geehrter Herr Soudah!
Ihr Antrag wird noch von uns bearbeitet. Leider fehlt uns Ihr Geburtsdatum. Bitte schicken Sie uns die Kopie Ihrer Geburtsurkunde. Sie können uns auch persönlich aufsuchen. Unsere Anschrift: Ruhigstraße, in Klammern: Am Bahnhof, Nummer 17 bis 18 A, 7. Etage, Zimmer Nummer 250, Schalter 19, Dritter von rechts. Oder Sie können uns anrufen unter der Nummer 0521 Schrägstrich 7834 Gedankenstrich 8. Wir sind erreichbar von 8 bis 12 Uhr, freitags nur bis 5 vor 12. Weihnachten, Silvester, Ostern, Pfingsten, Allerheiligen, Christi Himmelfahrt und am Tag der Deutschen Einheit können Sie 30 Sekunden Ihr Anliegen auf dem Anrufbeantworter mitteilen!

Hochachtungsvoll
Oskar Sieben

Ich nahm den Brief und ließ mich von den Nummern, die sie mir geschickt hatten, zum Ziel führen. Hinter dem Schalter 19, dem Dritten von rechts, saß ein dicker, großer, haarloser Mann. Von weitem sah er aus, als hätte er etwas auf dem Schoß liegen. Als ich näherkam, sah ich, daß es sein Bauch war. Seine Wurstfinger tippten Zahlen in einen Computer. Auf dem Bildschirm blinkte es, als zwinkerte jemand mit einem Auge.

»Mahlzeit!« sagte ich und reichte ihm den Brief mit all den Nummern.

»Maaaahlzeit«, sagte er langsam mit tiefer Stimme, während er den Brief aus meiner Hand schnappte, ohne mich anzusehen. Mit einem Auge las er, mit dem anderen folgte er dem Zwinkern des Bildschirms. Drei Sekunden vergingen.

Plötzlich: »Piiiiiep!« und ein hektisches Zwinkern des Bildschirms.

Der Dicke nickte befriedigt mit dem Kopf: »Jetzt endlich habe ich Ihre Nummer! Wie war doch Ihr Geburtsdatum?« Er näherte sich mit dem Kopf dem Bildschirm. Ich sah mich nach einem Kalender um – aber leider: Überall leere weiße Wände mit einem Zettel dran in roter Warnschrift: »Achtung! Frisch gestrichen!«

»Ich habe keinen Geburtstag!«

Er guckte mich an, als hätte ihm jemand kaltes Wasser über den Rücken gegossen. »Und Ihre Geburtsurkunde?«

Ich nickte mit dem Kopf und zeigte ihm meinen Paß. Darin steht: 00.00.48.

Er nahm den Paß in die Hand, blätterte alle Seiten auf, setzte sich noch eine zweite Brille auf die Nase, hielt den Paß ganz dicht vor seine Augen und danach an den Bildschirm, der immer noch piepte: »Beeilt euch! Beeilt euch!«

Plötzlich sprang er auf, ich duckte mich vor Angst, daß er mit seinem enormen Gewicht auf mich fallen würde. Er schrie laut: »Kein Geburtstag! Kein Geburtstag!«

Die in dem großen Stall – pardon – Büro saßen, ließen alles stehen und liegen und starrten ihn mit offenem Mund an. Ich brachte kein Wort heraus, mir verschlug es die Sprache. Der Mann gab mir den Paß zurück und sah mich vielsagend an. Ich verstand seine Blicke: »Ohne Geburtsdatum geht bei uns überhaupt nichts!«

Unterwegs überlegte ich mir, ob ich nicht doch ein Geburtsdatum hätte. Sollte ich meine Mutter anrufen, damit sie es mir schickte. Was würde sie sagen? Bestimmt das, was sie damals dem Arzt geantwortet hatte, als er unser Alter schätzte. Wenn die Eltern merkten, daß ihre Kinder endlich reif für die Schule waren – nämlich allein auf die Toilette gehen konnten –, versammelten sie sich mit dem Arzt, der Hebamme und dem Lehrer, um das Alter der Kinder zu schätzen. Man nennt das bei uns in Palästina »Schätztag«.

Der Arzt saß bei diesem Anlaß auf einem erhöhten Platz und rief: »Der erste bitte!«

Der erste war ich.

»Ich komme«, antwortete ich ihm.

»Wer ist deine Mutter?«

»Die mit dem bunten Kleid, Latife.«

Er lachte freundlich: »Deine Mutter hat einen schönen

Namen!« Meine Mutter kam näher. Der Arzt begann sie zu fragen: »Wann ist er geboren?«

Meine Mutter kratzte sich am Kopf, zählte an den Fingern ab: »In der Feigensaison.«

»Welche Sorte und Farbe von Feigen waren das?«

»Die gelben und die letzten roten.«

»Dann muß es Oktober gewesen sein.«

»Welcher Tag?«

»Es muß Montag gewesen sein, weil wir noch das Essen von Sonntag hatten. Montags wird ja nicht gekocht, weil man noch das Essen vom Feiertag hat.«

»Welche Uhrzeit?«

»Die Sonne hatte sich noch nicht blicken lassen.«

Der Arzt rieb sich die Stirn: »Habt ihr den Eselsschrei oder den Hahnenschrei gehört?«

»Nein, der Esel hatte noch nicht geschrien.«

»Dann muß es zwischen vier und sieben gewesen sein!« schloß er messerscharf, denn der Esel schreit ja pünktlich um sieben, der Hahn aber schon um vier. Der Arzt schrieb auf: 12. Oktober 1948, an einem Montag zwischen vier und sieben Uhr. Er stempelte das Schreiben, ließ meine Mutter ihren Fingerabdruck darauf drücken und gab es ihr mit den Worten: »Möge Allah ihn Arzt werden lassen!«

Meine Mutter bedankte sich mit Schafskäse: »Lassen Sie sich's mit Oliven schmecken!«

So hatte ich also doch einen Geburtstag und eine Geburtsurkunde. Ich war gerettet.

Ich rief meine Mutter zu Hause an, und sie schickte mir die Urkunde nach Deutschland. Es dauerte einige Wochen, doch schließlich konnte ich sie dem hungrigen Computer weitergeben, der nun endlich satt war und aufhörte zu piepen.

Der Einkaufswagen

»Oh, wie recht meine Hebamme hatte!« sagte ich mir oft, seit ich in der Fremde lebte. Damals war sie die einzige, die nicht geweint, sondern mir Mut gemacht hat.

Es war an einem kalten Tag auf dem Dorfplatz, als ich von ihnen Abschied nahm, um in die Fremde aufzubrechen. Meine Mutter stand neben mir und weinte die ganze Zeit. Ich hielt mich mit der einen Hand an ihrem Rock fest, mit der anderen trug ich meinen Koffer. Meine Mutter schaute traurig, und die Tränen liefen so aus ihren Augen, daß sie kein Wort mehr herausbrachte. Mein Vater stand etwas von mir entfernt und schaute mir mit seinem durchdringenden Blick tief in die Augen, als ob er sagen wollte: »Sei ein Mann, weine nicht«, wie er es oft gesagt hatte, wenn ich drauf und dran war loszuheulen.

Als das Taxi dann kam und ich schon halb drin saß und viele Dorfbewohner uns zum Abschied umstanden, sagte meine Hebamme: »Mein Schatz, die Fremde ist die beste Schule. Ohne deine Mutter wirst du dort erwachsen werden!« Sie lächelte und riet mir noch: »Vergiß nicht einzukaufen, zu kochen und zu essen!« So war der Hinweis meiner Hebamme wie eine Prophezeihung.

Vielleicht wird es keiner glauben, aber ich durfte zu Hause die Küche nie betreten. Ich mußte an Im Elias denken, wenn sie sich bei meiner Mutter über ihren Mann beschwerte: »Wenn ich krank werde, stirbt der Kerl an Hunger.« In der Küche mitzuarbeiten, war für uns Jungen undenkbar. Meine Mutter, Allah möge ihr verzeihen, lauerte dem mutigen Opfer auf, das in die Küche einzutreten versuchte, scheuchte es davon und pochte ärgerlich mit dem Stock auf den Boden. »Wer seid ihr?« stellte sie uns zur Rede, wenn sie uns in der Küche erwischte. »Die Hungrigen«, antworteten wir dann und stellten uns den Geschmack der Zwiebelsuppe auf der Zunge vor. Sie sagte: »Das weiß ich! Geht zu eurem Vater und wartet dort, bis eure Schwester euch die Suppe bringt!« Meine Schwester machte sich über uns lustig, und ich beneidete sie, daß sie immer neben dem Topf stehen und davon löffeln konnte, soviel sie wollte, während uns vor Hunger der Speichel im Mund zusammenlief. Irgendwann aber gaben wir auf und gingen zu unserem Vater, der unter einem Feigenbaum sein Schläfchen hielt.

Endlich sahen wir unsere Schwester, wie sie uns, unter ihrer Last hin- und herschwankend, mit dem großen Suppentopf entgegenkam. Mein Vater rief meine Mutter zum Essen, und jeder von uns hielt seinen Teller bereit, um ihn von der Mutter füllen zu lassen. Nur meine Schwester konnte den Deckel vom Topf heben und von der Suppe kosten, ohne Angst vor meiner Mutter zu haben. Sobald wir jedoch die Schöpfkelle nehmen wollten, wurden wir von unserer Mutter zurechtgewiesen: »Wartet, bis ich euch den Teller fülle!«

Meine Schwester war jünger als wir, und sie durfte zu Hause spielen. Ich durfte mit den Lämmchen auf die Weide. Ab und zu kam meine Schwester zu mir auf den Weideplatz und brachte das Essen. Mit uns zu spielen, dafür hatte sie keine Zeit. Sie sagte immer, sie müsse der Mutter helfen.

Oft war ich neidisch auf sie, wenn ich beobachtete, wie sie mit der Seife spielte und die Teller ins Wasser tauchte. Sie machte mit der Seife Blasen, und ich dachte, daß sie mich damit vielleicht ärgern wollte.

Einmal sagte ich zu meiner Mutter, die gerade dabei war, den Schafmist auf dem Hof zusammenzufegen: »Laß meine Schwester heute die Lämmchen auf die Weide bringen. Ich möchte lieber hier bleiben und mit der Seife und den Tellern spielen.« Sie strich mir übers Haar und sagte: »Du bist ein Junge, nein, du mußt auf die Weide gehen.« Ich begann zu weinen, und mein Vater, der in der Nähe stand, schaute böse, kam auf mich zu, riß mich vom Schoß meiner Mutter und schimpfte: »Weine nicht wie ein Mädchen.« Da nahm ich meinen Stock und ging zu den Lämmchen, die schon auf dem Weg zum Weideplatz waren.

All das kam mir in den Sinn, als ich völlig niedergeschlagen von einem Einkauf aus dem Supermarkt zurückkehrte. Ich war enttäuscht. Zuerst hatte es für mich ausgesehen, als sei ein

Einkauf hier einfacher als zu Hause. Man mußte den Verkäufer nicht von der Mutter oder der Großmutter grüßen und auch nicht erklären, warum man dies oder jenes brauchte. Oft brauchte man zu Hause einen Grund – Gäste oder anderen hohen Besuch –, um die gute Sorte zu bekommen. Wenn ich Kartoffeln kaufte, ohne dem Händler von meiner Mutter einen Gruß auszurichten, wußte er, daß ich nicht von meiner Mutter geschickt wurde – ja, er dachte sich möglicherweise, daß meine Mutter zu ihren Eltern gegangen war, weil sie sich mit meinem Vater gestritten hatte.

Aber noch aus einem anderen Grund verkauften die Händler nicht gern an Männer. Meistens kamen deren Frauen kurze Zeit später mit der Ware zurück, sei es, weil sie ihnen zu teuer, sei es, weil sie ihnen zu schlecht war.

Im liberalen Einkaufssystem von Almaniya aber war die Sprache mein Problem, doch mit Händen und Füßen konnte ich bald mein Brot kaufen – und mit Unterstützung hilfsbereiter Leute. Seit einem Monat war ich fleißig dabei, in einem Intensivkurs Deutsch zu lernen, der mir vom Akademischen Auslandsamt empfohlen worden war. Einem Experten für »Deutsch als Fremdsprache« zufolge, sollte in diesem Kurs jeder innerhalb eines Monats ohne fremde Hilfe die wichtigsten Dinge des täglichen Lebens erledigen können.

Nachdem sich mein Herz für diese Idee geöffnet hatte, entschloß ich mich, sie mit ganzer Kraft in die Tat umzusetzen, indem ich sehr fleißig war und mich entsprechend der orientalischen Philosophie verhielt: »Wer Ansehen gewinnen will, muß nachts wach bleiben.« Für unseren Kurs, gelobt sei Allah, wollte ich am Ende, nach bestandener Prüfung, ein Fest geben. Ein Fest aber erfordert einen großen Einkauf – und einen großen Einkauf erledigt man am besten in einem großen Supermarkt.

Also ging ich an einem Freitagnachmittag mit einem Kopf voller Ideen im Supermarkt einkaufen. Ich suchte mir einen großen Supermarkt aus, in dem die schönsten Dinge das Auge entzückten, und bewegte mich von Abteilung zu Abteilung wie ein Vogel von einem Baum zum anderen. Endlich konnte ich die Preise lesen und den Inhalt der vorher so geheimnisvollen Päckchen entziffern. Ich war glücklich, alles zu verstehen und fühlte mich auf einmal so selbständig und frei wie ein Vogel. Wie lange ich von Regal zu Regal gegangen war, wußte ich nicht, doch plötzlich wurde das Licht im Supermarkt dunkel, und die Käufer verschwanden. Ich fühlte mich einsam und verlassen. Eine Stimme aus dem Lautsprecher verabschiedete sich von uns. An mir vorbei marschierten mehrere Putzfrauen, die mich verwundert anschauten. Ich lächelte ihnen zu und folgte ihnen unauffällig zur Kasse.

»Doch wie soll ich meine Sachen nach Hause bringen?« schoß es mir plötzlich durch den Kopf. »Wie heißen denn diese verdammten Dinger da, zum Teufel nochmal!« Ich sah die buntbedruckten Plastiktüten vor meinen Augen und hoffte verzweifelt, daß mir einfallen möge, wie sie in der fremden Sprache hießen. Hilflos schob ich meinen Einkaufswagen auf die letzte noch geöffnete Kasse zu.

Dann fiel es mir ein. Ich stellte meine Sachen auf das Band und wartete ungeduldig, bis die Frau an der Kasse alles eingetippt hatte. Sie lächelte, und ihre vorderen Schneidezähne ähnelten denen eines Kaninchens. Sie war sichtlich ungeduldig, weil sie Schluß machen wollte. Ihr Lächeln machte mir eher Angst als Mut, denn ich dachte an den Dichter, der einmal gesagt hatte: »Wenn ein Löwe die Zähne zeigt, denkt man nicht, daß er lacht.«

Dennoch erwiderte ich ihr Lächeln und sagte freundlich: »Können Sie mir bitte zwei Titten geben?« Sie schaute mich entsetzt und wütend an. Ich dachte, sie hätte mich nicht verstanden und ergänzte: »Aus Plastik!« Sie antwortete: »Sie Idiot!« und beschimpfte mich mit Worten, die man in keinem Intensivkurs lernt.

Ich fühlte mich schrecklich unwohl, ließ meinen Einkaufswagen fluchtartig stehen und verließ den Laden in Windeseile. Auf der Straße dachte ich darüber nach, was ich wohl falsch gemacht hätte. Ich traf eine Mitstudentin, der ich von meinem Erlebnis erzählte. Sie lachte herzhaft, und ich fragte sie: »Weshalb darf ich denn keine ›Titten‹ kaufen?«

Seit diesem Erlebnis machte ich es mir zur Gewohnheit, den Einkauf im Einkaufswagen mit nach Hause zu nehmen.

Blutwäsche

»Ich kann nichts finden. Sie sind vollkommen gesund.«

Ich atmete wieder und fragte: »Und woher kommen die Kopfschmerzen?«

Er kratzte sich hinter dem Ohr und sagte: »Schwer zu sagen.« Er klopfte mir auf die Schulter und fuhr fort: »Ziehen Sie sich erst einmal an. Ich werde Ihnen etwas gegen Kopfschmerzen verschreiben.«

Er ließ sich auf einem schwarzen, großen Sessel nieder, nahm einen Stift und füllte ein Rezept aus, ohne auf mich zu schauen. Noch bevor ich mir meinen Pulli übergestreift hatte, war der Arzt mit dem Schreiben fertig.

»Sie können das Medikament unten in der Apotheke abholen. Sie ist in der ersten Etage«, sagte er und ging zur Tür.

Ich hielt mit einer Hand meine Hose, die ich noch nicht richtig angezogen hatte, mit der anderen Hand nahm ich das Rezept und folgte dem Arzt zur Tür. Vor der Tür lächelte er mich an und sagte: »Auf Wiedersehen. Bis nächste Woche!«

Ich ging fröhlich nach Hause. Zu Hause nahm ich die Pillen, die der Arzt verordnet hatte. Wie immer waren die Schmerzen verschwunden, um nach genau zwei Tagen woanders stärker als zuvor wieder aufzutauchen. Ich gab nicht auf, sondern ging noch mal zum Arzt und erzählte ihm alles. Der Arzt wunderte sich nicht, was ich eigentlich erwartet hatte, sondern freute sich, weil meine Kopfschmerzen weg waren. Was aber meine Magenschmerzen betraf, so hatten die seiner Ansicht nach nichts mit meinen Kopfschmerzen zu tun.

»Leider kann ich gegen Ihre Magenschmerzen nichts tun. Das ist nicht mein Gebiet. Aber ich werde Sie zu einem Facharzt überweisen, der die entsprechenden Geräte hat.«

Beim »Magenarzt« mußte ich alles wiederholen, vom Kleiderausziehen bis zum »Ausatmen-und-Einatmen«. Wie erwartet, schloß die Untersuchung mit einem Rezept. So war ich seit einem Jahr auf Wanderschaft von einem Arzt zum anderen.

Kurz nach meinem Besuch beim »Magenarzt« fing es damit an, daß ich nachts regelmäßig von einem starken Krampf heimgesucht wurde, ohne daß dieser sich vorher anmeldete. Ich wurde wach und schrie vor Schmerzen. Meine Zehen krampften sich zusammen, und der Schmerz zog bis in die Wade hinauf. Nachdem ich eine Woche lang nachts kein Auge zutun konnte und mich tagsüber mit Kaffee über Wasser hielt, entschloß ich mich, einen anderen Arzt aufzusuchen, obwohl ich mir bei der Ehre meiner Mutter und der Treue gegenüber meinem Vater geschworen hatte, nie wieder zu einem Arzt zu gehen.

Als ich nach einem guten »Krampfarzt« fragte, lachten die Leute und meinten: »Einen ›Krampfarzt‹ gibt es nicht und wird es nie geben! Aber ein Allgemeinarzt wird dir bestimmt helfen!«

Ich glaubte ihnen und bat sie, den Arzt für mich anzurufen, um einen Termin auszumachen. Als der Termin gekommen war, hatte ich die Hausnummer des Arztes vergessen – unterwegs verloren! –, doch seinen Namen wußte ich noch. So ging ich die Straße entlang und suchte nach dem Namen. Plötzlich sah ich vor einem Haus ein dickes Auto stehen. Wer dieses Auto sah, mußte unwillkürlich stehenbleiben und es bewundern. Ich starrte es gebührend an und betrat dann das Haus. Verunsichert ging ich einen langen, weißgestrichenen Korridor entlang, bis ich auf eine Tür mit dem Schild »Bitte anmelden« stieß.

Ich öffnete die Tür ein wenig, steckte meinen Kopf zwischen Tür und Wand und fragte vorsichtig: »Ist der Arzt da?«

»Was wünschen Sie?«

Bevor ich eine Antwort geben konnte, fuhr die Stimme fort: »Ja, ja, er ist da. Was können wir für Sie tun?«

»Schwester... die Krämpfe haben mir den Schlaf gestohlen?«

»Was heißt hier gestohlen?« sagte sie unwirsch und zeigte mit ihrer Hand in Richtung Tür.

»Ich habe Schmerzen in den Beinen!«

»Sind Sie angemeldet?«

»Ein Freund von mir hat hier angerufen.«

»Wie ist der Name?«

»Soudah. Wadi Soudah.«

»Wie bitte?«

»Soudah«, sagte ich und buchstabierte meinen Namen.

»Haben Sie einen Krankenschein mit?«

Ich steckte meine Hand in die Tasche, holte ein zerknülltes Papier heraus und trat ein paar Schritte auf sie zu. Angewidert verzog sie ihr Gesicht und nahm mir den Krankenschein mit spitzen Fingern aus der Hand, als wäre er eine tote Maus. Schnell ließ sie ihn auf den Tisch fallen und notierte etwas auf einem anderen Formular.

»Sie müssen noch unterschreiben!« sagte sie schroff, ohne aufzublicken.

»Wo soll ich unterschreiben?«

Sie schob mir den Krankenschein zu und zeigte auf die Stelle.

»Haben Sie einen Stift?« fragte ich höflich.

»Einen Moment, bitte.« Sie schaute auf ihren schönen goldglänzenden Stift, legte ihn zur Seite und holte einen sehr mitgenommen aussehenden Kugelschreiber aus einem Ständer. Ich unterschrieb und schob ihr das Schreibgerät wieder rüber.

»Es wird noch eine Weile dauern. Sie können inzwischen Platz nehmen. Ich werde Sie aufrufen.«

Ich drehte mich um und suche mir einen Platz. Es gab eine seltsame Sitzordnung unter den Wartenden. Sie hatten jeweils einen Stuhl zwischen sich freigelassen. Verunsichert blieb ich stehen und wußte nicht, wo ich in diese Ordnung hineinpaßte.

»Setzen Sie sich doch, junger Mann!«

Ich suche mir einen Platz neben der Tür. Von dort aus konnte ich die Wartenden genau sehen. Sie hatten die Köpfe in Zeitschriften gesteckt, und nur selten blickte einer auf. Auf fast allen Zeitschriften war ein Bild von Khomeini zu sehen. Einige zeigten Khomeini mit dem Schwert in der einen und dem Koran in der anderen Hand. Andere Zeitschriftentitel zeigten Khomeini, auf einem Pferd sitzend, schreien: »Allahu akhbar! – »Gott ist über allem!« und »Islam al akhbar!« – »Der Islam ist groß!« Meine beiden Nachbarn lasen all das voller Interesse – das merkte ich daran, daß sie beim Lesen stöhnten. Für meine Ohren kommt Stöhnen dem Spucken gleich.

Keiner sprach mit dem anderen. Doch als zwei Leute gleichzeitig dieselbe Zeitschrift nehmen wollten, zogen beide die Hände blitzschnell zurück und entschuldigten sich.

Ich suchte mir aus den Zeitschriften, die auf dem Tisch lagen, eine mit einem »nicht-islamischen« Titel heraus: »Für Sie«. Auf dem Titelbild waren eine nackte Frau und ein Mann zu sehen. Der Mann kniete vor der Frau, die mit beiden Händen ihre riesige Brust schützte. Die Hauptthemen waren in großer fetter Schrift gesetzt: »Warum 70% der verheirateten Frauen in EG-Ländern fremdgehen!« »Tips für Frauen, die im Bett attraktiv sein wollen.« »Warum fahren so viele deutsche Männer nach Fern-Ost... Unsere Korrespondentin auf ihrer Spur.« »Ich und mein Hund.« »Was frühstückt die Fürstin von Monaco?«

Die Arzthelferinnen waren laut. Sie unterhielten sich über Mode und wo sie sich am Wochenende erholen wollten. Wenn das Telefon klingelte, hörten sie auf zu sprechen: »Praxis Doktor... Guten Tag« »Wie war der Name?« »Guten Tag, Frau... Wie fühlen Sie sich heute?« »Sind ja schlechte Nachrichten.« »Ja, das kann ich gut verstehen! Der Mensch braucht Schlaf.« »Aber erlauben Sie mir eine Zwischenfrage?« »Danke schön.« »Haben Sie die Medikamente regelmäßig genommen?« »Auch die neuen?« »Ich meine die roten.« »Ja, die müßten die richtigen sein.« »Dreimal täglich eine.« »Und mit viel Wasser.« »Aber trotzdem haben die Schmerzen nicht aufgehört?« »Im Bauch auch nicht?« »Beruhigen Sie sich. Der Arzt wird Ihnen helfen.« »Eines Tages müssen ja die Schmerzen verschwinden.« »Sie dürfen die Hoffnung nie aufgeben.« »Ja, das muß schrecklich sein.« »Entschuldigen Sie. Wir können...« »Verstopfung auch?« »Wann können Sie vorbeikommen?« »Leider können wir Ihnen am Telefon nicht helfen.« »Ja, das können Sie ruhig essen.« »Kommen Sie Anfang nächster Woche vorbei.« »Können Sie gleich vorbeikommen?« »Auf Wiedersehen.«

»Frau Soudah, bitte zum Untersuchungszimmer!« Ich tastete nach meinem dicken Schnurrbart, schaute protestierend in Richtung Tür und blieb noch eine Weile sitzen.

»Frau Weide Soudah, bitte melden Sie sich!« schrie die Stimme ungeduldiger.

Ich stand auf. Im Korridor traf ich eine Arzthelferin mit einer kleinen Akte in der Hand. Sie schaute mich erschrocken an. Ich faßte nach meinem Schnurrbart und sagte: »Herr Soudah ist da!«

»Entschuldigen Sie!« antwortete sie höflich, notierte etwas auf dem Zettel, drückte ihn mir in die Hand und wies mich in das Untersuchungszimmer. »Zimmer II. Der Arzt wird gleich kommen.«

Das Untersuchungszimmer war klein und halbdunkel. In der Ecke standen ein schwarzer Sessel und eine Stehlampe. Der Raum war fensterlos und erinnerte mich an die Zelle, die ich in meiner Heimat vor einem Jahr bewohnt hatte.

Ein Stöhnen aus dem Nebenzimmer unterbrach meine Gedanken: »Ah, ah, ah, nicht so schnell!«

»Jaaaa, entspannen Sie sich. Bald ist es vorbei«, antwortete eine ruhige männliche Stimme.

»Ich bitte Sie, Doktor, es ist unerträglich!« schrie die andere Stimme, von Schmerzen gepeinigt.

»Ich werde Sie noch einmal stechen, und dann ist es vorbei.«

»Muß das denn unbedingt sein?« fragte die andere Stimme ängstlich und gab einen lauten Schrei von sich.

»Ja, es ist schon vorbei, Sie können sich die Hosen anziehen.«

»Wie war es?« fragte der Arzt.

»Nicht so schlimm, wie ich gedacht hatte«, antwortete eine erschöpfte Stimme.

»Ja, das weiß ich. Beim ersten Mal ist es besonders schlimm. Beim nächsten Mal stechen Sie sich selbst! Gute Besserung und auf Wiedersehen.«

Das Gespräch jagte mir große Angst ein, und der Gedanke schoß mir durch den Kopf, das Zimmer so schnell wie möglich zu verlassen. Ich hörte, wie jemand die Türklinke herunterdrückte und eintrat. Es war der Arzt. Er nahm einen Zettel in die Hand, las ihn und streckte mir seine Hand entgegen: »Guten Tag, Herr Sauda.«

Ich gab ihm meine rechte Hand und sagte »Soudah«. Dann machte ich meine rechte Wade frei und erklärte ihm: »Hier habe ich schreckliche Krämpfe. Ich kann nicht schlafen.«

Er setzte seine Brille auf, zog ein Paar weiße Handschuhe an und tastete sanft meine Wade dort ab, wo die Krämpfe steckten. Während er mich so abtastete, nickte er bedeutungsvoll.

»Woher haben Sie dieses blaue Mal und seit wann?«

»Herr Doktor, im Gefängnis werden die Leute geschlagen«, erwiderte ich. Sein Gesicht verfinsterte sich, und ich fügte hinzu: »Ich war ein politischer Gefangener.«

Sein Gesicht verfinsterte sich noch mehr, und er stand auf, drehte sich um, ging in eine Ecke, notierte etwas auf einem Zettel und sagte: »Für Ihre Krämpfe werde ich Ihnen zwei Medikamente verschreiben.«

Ich fragte: »Wissen Sie, woher die Krämpfe kommen?«

Er drehte sich zu mir um, kratzte sich hinter dem rechten Ohr und sagte: »Schwierig zu sagen. Nehmen Sie erstmal diese Medikamente, und dann werden wir weitersehen. Kommen Sie nächsten Montag wieder. Auf Wiedersehen, Herr Sau..., Sau....«

»Soudah«, half ich ihm.

Die Arzthelferin drückte mir einen Zettel für einen neuen Termin und eine Blutabnahme in die Hand: »Kommen Sie nächste Woche nüchtern, bitte.«

Die andere Arzthelferin gab mir einen kleinen Plastikbecher: »Bringen Sie uns in diesem Becher frischen Urin mit.«

»Was heißt ›frisch‹, Schwester?« fragte ich.

Sie schauten sich gegenseitig an, und eine sprach sehr deutlich und langsam »Sie« und zeigte dabei mit dem Finger auf mich: »Sie, um 9 Uhr aufstehen, auf Toilette, hier pinkeln, dann uns geben, verstehen?«

Ich nickte mit dem Kopf und verließ das Zimmer. Zu Hause nahm ich die Medikamente wie vorgeschrieben. Doch seltsamerweise verschwanden diesmal die Krämpfe nicht, sondern griffen auf den ganzen Körper über, sogar auf den Kopf. Mir wurde schwindelig, ich war müde, unkonzentriert und mußte ständig auf die Toilette und Wasser lassen. Ich erzählte dem Freund, der mir den Arzt empfohlen hatte, von meiner körperlichen Verfassung, und er meinte, ich solle die Medikamente weiternehmen, bis ich das nächste Mal beim Arzt gewesen sei.

Er las aber die Medikamentenbeilage und meinte, daß solche Medikamente gefährlich für Nierenkranke seien. »Bist du nierenkrank?« fragte er mich.

»Nicht daß ich wüßte«, erwiderte ich.

Am nächsten Tag merkte ich, daß ich noch öfter als bisher auf die Toilette mußte. Ich bekam großen Durst. Mir wurde immer wieder schwindlig. Für einen Weg von zehn Minuten brauchte ich eineinhalb Stunden, weil ich unterwegs immer wieder Pause machen mußte. Am schlimmsten aber war das Gefühl, daß mein rechter Fuß dicker als mein Schuh war. Als ich mit dem Finger auf den Fuß drückte, sah ich eine Delle, die nicht mehr wegging. Ich bekam schreckliche Angst.

Zu Hause hatte ich einmal meiner Mutter zugehört, wie sie von einem Nachbarn erzählte, der einen dicken Fuß hatte. »Sein Herz ist kaputt!« hatte sie gesagt.

»Was hat sein Fuß mit seinem Herzen zu tun?« wollte ich damals wissen.

»Siehst du nicht, wie er all sein Fett mit sich rumschleppt? Das arme Herz schafft es nicht mehr!«

»Was kann ihm dann noch helfen?« hatte ich voller Angst gefragt.

»Nur der Tod, mein Sohn! Nur der Tod!«

Die Erinnerung an dieses Gespräch verursachte mir die schlimmsten Herzkrämpfe, verbunden mit Schweißausbrüchen. Da der nächste Termin beim »Krampfarzt« erst in drei Tagen war, entschloß ich mich, zu einem Arzt in der Nachbarschaft zu gehen, dessen Namen ich zufällig an der Haustür gelesen hatte. Ich schleppte meinen Fuß hinter mir her und ging zu ihm, ohne vorher anzurufen. In seinem Wartezimmer – gelobt sei Allah! – war es leer. Es öffnete sich eine Tür, und eine alte Frau trat herein, gehüllt in eine Aura von Parfüm und geschminkt wie eine Braut.

»Haben Sie eine Überweisung?« fragte sie kurz angebunden.

»Werde ich morgen bringen.«

»Und was wollen Sie?«

»Mein Fuß ist dick und schmerzt.«

»Waren Sie beim Orthopäden?«

»Was heißt Orthopäde?«

»Ja, ja, kommen Sie mit.«

Ich humpelte langsam in das Sprechzimmer. Überall auf den Tischen und Schränken lagen Medikamente herum.

Sie zeigte mir, wo ich mich setzen sollte und rief den Arzt: »Herr Saudak ist da.«

»Soudah«, korrigierte ich sie.

Sie schaute mich mürrisch an: »Wissen Sie, bei so vielen ausländischen Namen! Das ist zuviel! Das kann man nicht behalten!«

Die Tür öffnete sich, und es tauchte ein dicker, schwerer Mann im weißen Kittel auf. Betrachtete man ihn von weitem, so hatte man das Gefühl, es liege eine schwere Last auf ihm. Langsam näherte er sich und nahm mir gegenüber Platz. Unwillkürlich wurde mein Blick auf seine Füße gelenkt – dick quollen sie über den Rand der Schuhe hinaus! Er bückte sich schnaufend und drückte auf meinen Fuß.

»Wir werden sehen! Wir werden sehen! – Seit wann haben Sie das?«

»Seit drei Tagen.«

»Das werden wir sehen.« Er holte sein Hörrohr aus der Tasche und horchte mein Herz ab. Nach kurzem Abhören und Rückenabklopfen sagte er: »Das ist nicht so schlimm, wie ich dachte. Das ist nur Wasser. Ich werde Ihnen etwas verschreiben, das wird Ihnen guttun.«

»Wie kommt das Wasser in meinen Fuß?«

»Das ist schwierig zu sagen. Ich werde Sie zum Urologen überweisen. Der wird Sie untersuchen und mir einen Brief schicken, und dann kann ich Ihnen sagen, was los ist.«

»Was heißt Urologe?« fragte ich. Er blickte mich an, als ob er mich zum ersten Mal sehe.

Die Sprechstundenhilfe unterbrach uns und rief, ohne uns anzuschauen: »Er versteht schlecht Deutsch.«

Der Arzt erwiderte: »Aber er guckt so, als ob er es gut versteht.« Und zu mir gewandt: »Woher kommen Sie?«

»Aus Palästina«, antwortete ich schüchtern.

»Palästinaaa«, sagte er verwundert. Sein Gesicht sah aus, als hätte ihn jemand mit eiskaltem Wasser begossen. Er rollte mit seinem Stuhl zurück und fragte mich mißtrauisch: »Sind Sie Mitglied der PLO?«

Da ich damals die Abkürzung »PLO« noch nicht kannte, fragte ich: »Was meinen Sie mit PLO? Ist das eine Krankheit?«

»Die Palästinenser! Die Terroristen! Oder haben sie von München nichts gehört?« rief er ärgerlich.

»Wir sind keine Terroristen. Wir sind Flüchtlinge, wir sind aus unserer Heimat vertrieben worden. Die, die uns aus unserer Heimat vertrieben haben, sind Terroristen!...«

Er unterbrach mich sehr höflich und sagte: »Wissen Sie, wir lassen die Politik. Wir sehen uns nächste Woche wieder.«

Der letzte Arztbesuch hatte mich ängstlich gemacht. Ich fürchtete nun um meine Gesundheit und um meine Zukunft. Dennoch nahm ich die Medikamente, die der Doktor mir verschrieben hatte. Mein dicker Fuß schwoll langsam ab, bis er wieder normal aussah. Zugleich wurde es auch mit meinem Urin weniger. Ab und zu mußte ich in der Nacht aufstehen und erbrechen. Ich lag im Bett und dachte an zu Hause und an den Nachbarn mit dem dicken Fuß...

Beim Aufstehen wurde mir schwindlig, und ich kippte um. Am nächsten Tag fiel es mir dann schwer, mich zu erinnern, und manchmal wußte ich nicht mehr, wer und wo ich war. Mit viel Mühe erreichte ich die Küche, wo das Telefon steht, und rief meinen Arzt an. Er bestand darauf, daß ich zum Urologen ging.

»Ich vermute, daß Ihr Zustand mit den Nieren zu tun hat. Doch nur ein Urologe kann das genau feststellen.«

»Zu welchem Urologen soll ich gehen?« fragte ich ihn.

»In der Altstadt wohnt ein Kollege von mir. Ich werde Sie dort für heute anmelden. Vergessen Sie aber nicht, daß Sie sich noch einmal bei mir melden, wenn der Urologe Sie untersucht hat. Gute Besserung! Und auf Wiedersehen!«

Ich rief ein Taxi und fuhr zum Urologen. In der Praxis schien es mir, als ob dort alle bereits auf mich warteten. Ohne zu fragen, wie ich heiße und woher ich komme, in welcher Krankenkasse ich sei, ob ich in München bei der PLO-Aktion mitgemacht hätte, führte mich eine Krankenschwester in ein dunkles Zimmer und befahl mir, mich auszuziehen. Ich folgte ihrem Befehl aber nur halb und behielt die Unterhose an. Sie zeigte mir, wo ich mich hinlegen sollte und verschwand in einem kleinen Zimmer. Von dort rief sie heiser: »Einatmen – ausatmen – nicht atmen – wieder atmen!«

Sie tauchte noch einmal auf und befahl mich in ein Nebenzimmer, wo ich warten sollte. Fünf Minuten später trat eine große kräftige Schwester mit mehreren Spritzen auf einem Tablett in der Hand ein. Sie band meinen Arm ab, schlug mehrmals kräftig auf die Venen und nahm mir Blut ab. Gerade hatte die eine Schwester mir ein Pflaster auf die Haut geklebt, da kam schon eine andere mit einem Glas in der Hand herein: »Wir brauchen noch frischen Urin von Ihnen.« Ich sah mich schüchtern um, und sie zeigte mir die Toilettentür.

Ich mußte eine halbe Stunde auf das Ergebnis warten, dann kam der Arzt mit düsterem Gesicht herein: »Schnell zum Krankenhaus! Seine Niere funktioniert kaum, er muß zur Blutwäsche!« Ich schaute ihn mit offenem Mund an.

Der Arzt sah seine Mitarbeiterinnen an und fragte: »Versteht er kein Deutsch?«

»Nicht so gut«, meinte die eine.

Die andere ergänzte: »Er hat nichts gesagt, weiß ich nicht, habe nichts gehört.«

Der Arzt notierte etwas auf einem Zettel, näherte sich mir und sprach leise und überdeutlich, wobei er mit dem Stift auf jedes einzelne Wort zeigte: »Hier! Heute – hin – dort – gehen!«

Er zeigte auf seine Niere: »Das... kaputt! Wenn Sie dort fertig, zu mir kommen! Nicht vergessen!«

Ich nahm den Zettel und die Röntgenbilder und verließ die Praxis. Erst dann überlegte ich, was er mir gesagt hatte. Wäsche? Blutwäsche? Ich bin also zu schmutzig, so daß er mich zum Waschen schickt, bevor er mich untersucht? Komischer Arzt! Ich schnupperte an meinen Armen: Kann ja sein, ich habe vier Tage lang im Bett gelegen, ohne mich zu waschen. Inzwischen überlegte ich, ob ich erst einmal nach Hause zum Duschen gehen sollte. Aber nein, er hat irgendetwas von »kaputt« gesagt – komisch. Ich glaube, ich gehe doch besser in die Waschanstalt, zu der er mich schickt. Kann ja sein, daß sie dort eine spezielle Dusche haben.

An der Wand des Wasch-Krankenhauses empfing mich das Bild eines barfüßigen Mönchs mit Cowboyhut – mit offenen Armen!

Ich zwinkerte ihm zu: »Ich komme ja schon!«

Im Flur hingen überall Kreuze, mit und ohne Jesus. »Anmeldung« las ich an einer Tür. Drinnen saß eine Nonne und tippte eifrig Daten in einen Computer ein. Ihr gegenüber hing ein Plakat an der Wand: »Was Gott auf Erden geschaffen hat, ist wohlgetan!«

»Komisch, soll ich hier getauft werden? Wo bin ich eigentlich gelandet?«

Die Nonne unterbrach ihre Arbeit und kam zu mir herüber. Ich gab ihr den Zettel. Sie nickte fortwährend mit dem Kopf, und das Kreuz, das sie an der Kette trug, nickte gezwungenermaßen mit. Sie ging zum Computer und fragte mich nach allem, Name, Adresse, Konfession, ob ich Schweinefleisch esse oder nicht – doch nach meiner Sympathie für die PLO hat sie – gottseidank! – nicht gefragt. Sie notierte alles und zeigte mir, wohin ich gehen sollte. Was für ein Betrieb! Ob die alle zur Wäsche müssen? Duschen sah ich weit und breit nicht. Ich hatte Angst, ja – aber meine Neugierde war dann doch stärker. Gerade als ich bequem saß, kam eine Schwester nach der anderen. Jede holte mich zu einer anderen Untersuchung, und jedesmal traf ich auf einen anderen Arzt. Jeder horchte mein Herz ab, klopfte auf meine Nieren und fragte, ob ich schon einmal krank gewesen oder einer meiner Eltern an einer Nierenkrankheit gestorben sei. Wie viele Ärzte mich untersucht hatten, wußte ich am Ende nicht mehr. Das Ganze lief immer schneller ab, wurde immer komplizierter, ließ meine Angst immer stärker werden. Ich verstand überhaupt nichts mehr, nur daß meine Nieren kaputt seien und ich an eine Maschine angeschlossen werden sollte, um mein Blut zu säubern.

In der Nacht im Krankenhaus hatte ich nur eine Sorge: »Wie soll mein Blut gewaschen werden? Kommt es in die Waschmaschine?«

Ich stellte mir die Maschine riesengroß vor, mit zwei oder drei schwarzen Schläuchen, die das Blut absaugten...

»Aber wenn mein Blut sechs Stunden in der Maschine gewaschen wird... wie kann ich ohne Blut leben?«

Die Schwester meinte: »Ach, Herr Soudah, machen Sie sich keine Sorgen. Die ersten zehn Wäschen tun ein bißchen weh, Kopfschmerzen, ein bißchen Übelkeit – aber mit der Zeit gewöhnt man sich daran! Außerdem ist der Arzt immer dabei.«

Ich schüttelte meinen Kopf. Nein, ich glaubte es ihr einfach nicht. Diese Maschine existiert nicht. Das ist eine politische Intrige. Deutschland hilft ja immer Israel gegen uns. Ich bin in der Hand israelischer Agenten! Warum sonst fragen sie mich immer wie der israelische Geheimdienst über meine Tätigkeit für die PLO aus? Gerade hatte mir ein blonder Arzt gesagt, daß wir die Israelis in Frieden lassen und nicht ins Meer werfen sollten.

Ein anderer hatte gemeint: »Hundertfünfzig Millionen Araber gegen vier Millionen arme Israelis! Das ist doch zuviel!«

Und ein alter Patient hatte verkündet: »Das Land hat Gott den Juden versprochen! Keiner kann dagegen etwas tun!«

Am liebsten wäre ich geflohen, doch mein körperlicher Zustand, meine dauernde Übelkeit, die Kopfschmerzen und die Magenschmerzen zwangen mich, zu bleiben und ihnen zu glauben, daß ich sehr krank sei. Außerdem hatte ich gar kein Geld, um wegzulaufen...

Keiner konnte mir erklären, was »Blutwäsche« bedeutete.

Schließlich entschloß ich mich, meine Freunde in Heidelberg anzurufen. Sie waren schon längere Zeit in Deutschland und sprachen und verstanden die deutsche Sprache ausgezeichnet. Da sie meine Muttersprache ebensogut kannten, dachte ich, daß sie mir alles genau übersetzen und erklären könnten. Dieser Gedanke gab mir Kraft, und ich ging zur Telefonzelle.

»Hallo«, rief ich ins Telefon, sobald jemand den Hörer aufgenommen hatte.

»He, bist du es, Wadi? Schön, daß du anrufst. Wie fühlst du dich in deiner neuen Heimat?«

»Es geht«, antwortete ich leise.

»Ich weiß, daß du Heidelberg lieber magst, doch hast du jetzt in Bielefeld deine Zulassung zum Studium bekommen. Wir vermissen dich sehr!«

»Ich euch auch!«

»Wadi, was ist mit deiner Stimme? Fühlst du dich nicht wohl, oder hast du deine Prüfung nicht geschafft?«

»Nein, ich bin ein wenig krank.«

»Du mußt gut essen und nicht so lange in den Kneipen rumlungern!«

Ich antwortete nicht, sondern stöhnte nur ein wenig.

Der andere rief ins Telefon: »Was ist los mit dir, Wadi? Von wo telefonierst du gerade?«

»Aus dem Krankenhaus. Gerade wurde mir gesagt, daß meine Nieren kaputt sind.«

»Wer hat das festgestellt?«

»Ein Arzt natürlich!«

»Wie hat er das festgestellt?«

»Er hat mein Blut untersucht und gesagt, daß ich dreimal in der Woche mein Blut in einer Maschine waschen lassen müsse, sonst würde ich sterben.«

»Soll das ein Witz sein? Von welchen Maschinen redest du eigentlich?«

»Was soll ich denn sonst machen?«

»Nicht alles glauben, was man dir erzählt. Eine Blutuntersuchung muß noch nichts beweisen! Bestimmt hast du zuviel gegessen, und dein Blut war deshalb zu schmutzig.«

»Wie soll ich ihnen das erzählen? Morgen habe ich schon die erste Blutwäsche.«

»Was, so schnell! Wir kommen sofort! Nichts wird gewaschen, bevor wir da sind!«

Ich spürte, daß sie mich retten wollten und fing vor Freude an zu weinen.

»Wadi, sei stark! Du hast Krieg und Grausamkeiten erlebt. Du wirst auch das schaffen!«

»Du hast recht.«

Er unterbrach mich und sagte: »Allah möge dir verzeihen. Du hättest uns fragen sollen, bevor du ins Krankenhaus gegangen bist.«

Ich blieb, nachdem ich den Hörer eingehängt hatte, noch ein wenig in der Telefonzelle und weinte. Mir ging es jetzt besser, als hätte das Weinen meine Traurigkeit und Hoffnungslosigkeit fortgespült. Ich ging auf dem Flur der Station auf und ab, und dachte darüber nach, was ich dem Arzt sagen sollte.

In Gedanken sah ich mich schon von meinen Freunden umringt: »Er soll sich überlegen, ob es nötig ist, daß unser Freund dreimal in der Woche an eine Maschine angeschlossen wird. Was wird mit ihm passieren, wenn er Deutschland verlassen muß. Geht es nicht, daß er mit Spritzen und Medikamenten geheilt wird?«

Tatsächlich, kurze Zeit später waren meine Freunde bei mir – alle vier.

»Abu Hanna!«, riefen sie von weitem und liefen auf mich zu. »Haben sie dich schon gewaschen?«

»Nein, ich sollte doch auf euch warten!«

»Was heißt krank?« sagte einer von ihnen, der selbst eine Glatze hat, und faßte mir in die Haare. »Jemand, der so volles und schönes Haar hat, kann doch gar nicht krank sein! Laß uns zum Arzt gehen! Wo versteckt er sich?«

Ich zeigte ihnen das Ärztezimmer. Wir klopften an, und als eine Stimme: »Herein« rief, öffnete einer von ihnen die Tür, und sie gingen voraus. Ich hielt mich im Hintergrund, und noch bevor der letzte meiner Freunde das Zimmer betrat, flüsterte er mir zu: »Geh und pack schon mal deine Sachen. Wir werden dich mitnehmen!«

Am liebsten hätte ich bei seinen Worten vor Freude gesungen und getanzt. Ich rannte in mein Zimmer und überlegte mir, was sie wohl mit dem Arzt besprachen.

»Wadi ist unser liebster Freund, und wir können es nicht zulassen, daß er an einer Maschine leben soll. Er war zu Hause Schäfer, wie soll er es jetzt fünf Stunden an einem Platz aushalten! Wir bitten Sie, lassen Sie uns den Freund mit nach Hause nehmen, wir werden auf seine Gesundheit achten. Wir geben unser Wort, daß er weder rauchen noch trinken wird. Was sollen wir seiner Mutter sagen?«

Ab und zu schaute ich durch den Türspalt, ob sie vielleicht schon fertig waren. Kurz darauf kamen sie mit gesenktem Kopf in mein Zimmer.

Ich bekam Angst und fragte: »Na, sagt, was war los?«

Alle vier nahmen mich auf einmal in die Arme und flüsterten mir zu: »Abu Hanna, laß uns an einem ruhigen Platz miteinander sprechen.«

Wir gingen ins Raucherzimmer. Verlegen nahmen sie mir gegenüber Platz. Ich blickte sie auffordernd an und bemerkte trocken: »Sagt alles, was ihr besprochen habt.«

»Beruhige dich doch, Abu Hanna«, antwortete einer, wobei er

mich in den Arm nahm und mir seine Zigarette in den Mund steckte.

Ein anderer fragte mich: »Wieviele Kinder seid ihr zu Hause?«

Ich schaute ihn mißtrauisch an und erwiderte: »Mit mir oder ohne mich?«

»Nein, Abu Hanna, du wirst nicht sterben, verstehe meine Frage nicht falsch. Wieviele seid ihr tatsächlich?«

Ich zählte sie an meinen Fingern ab: »Zwölf, die leben, und vier, die schon früh gestorben sind.«

»Gut, Abu Hanna, einer von ihnen kann dir eine Niere geben.«

Ich sprang erschrocken auf: »Was, was heißt hier geben? Was habt ihr mit dem Arzt besprochen? Warum seid ihr gekommen? Ihr wolltet mir doch helfen?«

»Das wollen wir.«

»Davon habe ich bisher noch nicht viel gemerkt.«

Einer streichelte mir über den Rücken und erklärte: »Weißt du, dem Arzt können wir nichts entgegnen, es ist sein Beruf.«

»Aber er ist kein Prophet!« entgegnete ich ärgerlich.

»Abu Hanna, wir können dich nicht mitnehmen.«

»Heißt das, daß ich morgen zur Blutwäsche muß?«

»Ja, oder willst du, daß deine Mutter schwarz trägt?«

Mir verschlug es die Sprache, und ich spürte einen Stich in der Magengegend. Traurig fragte ich: »Hat er euch erzählt, wie mein Blut gewaschen werden muß?«

Sie schauten einander an, und einer von ihnen sagte: »Er hat uns Bilder von deiner Niere gezeigt, und er meinte, sie wäre geschrumpft und das schon längere Zeit.«

»Warum habe ich das nicht gemerkt, wenn die Niere schon seit langem schrumpft?«

Der Arzt meinte: »Diese Krankheit merkt man erst, wenn es zu spät ist, um sie zu behandeln.«

»Ich werde, sobald ich zu Hause bin, sofort meine Nieren untersuchen lassen«, meinte einer meiner Freunde. Ein anderer ergänzte: »Wir müssen vor allem in Zukunft viel trinken, damit die Niere immer gut durchspült wird.« »Und kein zusätzliches Salz ins Essen tun!« fuhr der nächste fort. Ich hörte ihnen zu und überlegte mir, wie weitreichend meine Freunde ihre Eßgewohnheiten verändern müßten, wenn sie das, was sie eben gelernt hatten, wirklich in die Tat umsetzen wollten. Später erst erfuhr ich, daß sie alle, nachdem sie bei mir im Krankenhaus gewesen waren, zum Arzt gingen, um sich ihre Nieren und ihr Blut untersuchen zu lassen. An jenem Abend aber gaben sie mir Geld und wünschten mir gute Besserung. Der Abschied war hart.

Am nächsten Tag war es soweit. Die Schwestern und die Ärzte, denen ich im Krankenhaus begegnete, gratulierten mir, wünschten mir gute Besserung oder sagten einfach nur: »Toi, toi, toi!«

Eine Stunde, bevor ich zur Blutwäsche abgeholt werden sollte, legte ich mich ins Bett. Ich bekam große Angst, meine Füße fingen an zu schwitzen, und es juckte mich am ganzen Körper. Um diese Zeit – fünf Uhr – hatten sie uns immer im Gefängnis aus der Zelle geholt, zum Schlagen... Wir kannten die schnellen hektischen Schritte der Polizisten, die in dem langen leeren Flur widerhallten. Bin ich heute dran? Oder läuft er vorbei? Das Herz klopft, der Schweiß rinnt an einem herunter, das Jucken wird immer stärker... Die Schritte... Jetzt... Jetzt steht er vor meinem kleinen Fenster: »Anziehen! Ohne Strümpfe!« Ich atme tief und frage, ob ich die Schuhe mitbringen soll. »Das weißt du doch! Im Gefängnis wird nicht barfuß gelaufen!« sagt er lachend. Wir gehen nach draußen in die sogenannte Arena, einen abgeschlossenen Flur, wo die »Hochzeit« stattfindet. Dort warten schon Polizisten mit Stöcken, die sie fröhlich singend schwingen: »Wir opfern dich mit unserer Seele und den Stöcken.«

Bevor die »Hochzeit« anfängt, kommt ein gut gelaunter Polizist in Zivil zu mir. Er zieht eine mit roter Banderole versehene Zigarettenschachtel aus seiner Hosentasche. An der Banderole erkenne ich, daß sie geschmuggelt ist. Entweder hat der Polizist sie selbst geschmuggelt, ist von Schmugglern bestochen worden oder hat sie von Schmugglern beschlagnahmt. Er zündet seine Zigarette mit einem goldenen Feuerzeug an und fragt freundlich: »Na, willst du heute unterschreiben? Oder willst du noch einmal ›heiraten‹?«

Da er keine Antwort bekommt, pfeift er die »Stocktänzer« herbei.

»Jawoll!« antworten sie wie aus einem Mund und ziehen mich

in die »Arena«. Und so fängt die »Hochzeit« an. Sie legen mich auf den Boden und binden meine Füße hoch. Zwei halten meine Füße mit einem Stock, einer schlägt auf die Fußsohlen, und einer zählt getreu dem arabischen Motto: »Es gibt immer nur zwei: Einer zählt die Schläge, und der andere wird geschlagen!« Beim Schlagen unterhalten sie sich über die, die bei ihrer »Hochzeit« verreckt sind. Sie schlagen, bis sie sicher sind, daß die Füße so dick sind, daß sie nicht mehr in die Schuhe passen. Dann treiben sie uns eine halbe Stunde lang mit der Peitsche wie ein Pferd durch die Arena – die »Therapie«, wie sie lachend rufen! Wenn man Glück hat, was im Gefängnis sehr selten ist, bluten die Füße nicht, und man kommt drumherum, daß die Füße durch Salzwasser »geheilt« werden... Danach muß man die Schuhe anziehen, egal ob es geht oder nicht. Humpelnd kehrt man in die Zelle zurück – bis zur nächsten »Hochzeit«.

»Sind Sie Herr Soudak?« unterbrach eine Schwester meine »Hochzeitsnacht«. Unsere Augen tauschten Blicke. Sie sah sich um und begann andere zu fragen, obwohl nur wir zwei im Raum waren.

»Er versteht kein Deutsch? Kann er nicht laufen? Hat er Schmerzen? Soll ich den Wagen holen?«

Ich stand auf, zog meinen Mantel an und ging voraus. Sie folgte, öffnete mir alle Türen und fragte mich ständig: »Haben Sie Schmerzen? Können Sie laufen? Ist Ihnen schwindlig?« Dann: »Vorsichtig! Treppe!«

Ich sah mich nicht um und antwortete auch nicht. Wir stiegen in einen Aufzug und fuhren in den dritten Stock. Dort traf ich auf viele grün gekleidete Schwestern, die unzählige Fragen stellten. Mir war nur eine Sache wichtig: »Wie sieht die Maschine aus? Komme ich hier lebendig wieder heraus? Werde ich meine Mutter wiedersehen?«

Vor dem Zimmer stieg mir ein Geruch in die Nase, der mich an einen Friedhof erinnerte: feucht und muffig. Und dann diese Geräusche! Im Zimmer lagen Menschen in weißen Betten. Neben ihnen standen Maschinen, dazwischen rote Schläuche, die mit der Maschine verbunden waren.

»Hier auf die Waage«, sagte eine Schwester. »Was ist Ihr Normalgewicht, Herr Soudah?« Ich schüttelte den Kopf. »In Ihrer Situation – ein Mensch wie Sie, so krank – das muß man aber wissen!« Sie wog mich und notierte das Gewicht.

»Hier ist Ihre Maschine!« sagte sie.

Ich legte mich in das Bett und beobachtete mit einem Auge die Maschine neben mir, besonders den Teil, der sich bewegte.

»Machen Sie den Arm frei.« Sie klopfte auf meine Venen. Ohne mir ihr Gesicht zuzuwenden, sagte sie: »Es ist besser, wenn der Arzt hier einsticht.«

Ihre Stimme klang wie von weither. Ich hörte nur die Geräusche der Maschine, die meinen Körper vibrieren ließ. Ist das hier das neue Zuhause für mich? Die neue Zelle?

Dies war die erste Wäsche, doch wann kommt die letzte? Die erste Wäsche verlief problemlos. Und so ging es weiter, egal ob ich einverstanden war oder nicht. Auf die Waschmaschine konnte ich mich fortan verlassen! Und ohne sie kann ich auch nicht mehr leben.

Ein Glück, daß ich hierher nach Almaniya kam. Alle Maschinen und auch das Personal stehen immer für mich bereit – als sei ich im neunten Monat schwanger und könnte mich nicht mehr richtig bewegen.

Alle Menschen in weißen Kitteln wollen unbedingt mein Herz abhorchen (was es versteckt!) und mir auf den Rücken klopfen. Zwischendurch darf ich auch mal stöhnen. Mein Körper gehört nicht mehr mir, obwohl er meine Seele trägt. Jeden Teil meines Körpers kennt der Arzt besser als ich. Ich brauche ihm nur zu vertrauen. Für jedes Organ hat er ein passendes Medikament. Wenn das Medikament nicht hilft – dann ist das Messer an der Reihe!

»Sagen Sie mal, Herr Oberarzt, hat diese neue rote Pille Nebenwirkungen? Wie die alte? Kopfschmerzen, Übelkeit und Sehstörungen?«

Das Wort »Nebenwirkung« wirkt bei ihm schnell, sein Gesicht verfinstert sich: »Wissen Sie, Herr Soudah, Kopfschmerzen usw., das ist alles nicht zu vergleichen mit Ihrem Leiden. Wir wollen gern Ihren Blutdruck herunter haben.«

»Und Diät, Herr Oberarzt?«

»Ach Diät, Diät! Langweilig! Wenn Sie Appetit haben, essen Sie! Essen Sie alles, was Ihnen schmeckt!«

Alle Arten von Medikamenten in jeder Farbe, jeder Form, jeder Größe und für jede Krankheit – außer der Antibabypille natürlich – habe ich geschluckt. Und wenn einer von euch neugierig ist und unbedingt wissen will, wieviel das zusammen ist: der Inhalt der Apotheke an der Universität. Es lebe das Kortison: dreimal hoch! Das Wunder des Jahrhunderts – der Zauberstab gegen alle Krankheiten und die Ursache für alle Schmerzen.

»Bedienen Sie sich, Herr Soudah! Nehmen Sie soviel Sie wollen!«

»Wieviel haben Sie denn im Angebot heute?«

»Ehrlich gesagt, Herr Soudah, wir kommen im Moment mit 100 Gramm täglich aus!«

Fünf Jahre, dreimal in der Woche je fünf Stunden wurde ich gewaschen, umweltfreundlich und phosphatfrei! Wie ich das geschafft habe – bitte, fragt nicht mich, fragt die Maschine, wie sie mich fünf Jahre ertragen hat! Nach fünf Jahren Waschen und Gewaschenwerden erbte ich eine Niere, mit deren vorherigem Besitzer ich keine Blutsverwandtschaft hatte. Ich nahm diese dankbar an, und meine Mutter betete für den freigiebigen Spender und für den Bauch, der ihn neun Monate lang getragen hatte.

Ich behielt die Niere fünf Jahre. Leider bekam sie Heimweh und kehrte zu ihrem früheren Besitzer zurück – und ich zur Waschmaschine. Dort wurde Wiedersehen gefeiert. Nun heißt es warten, bis Allah den nächsten Spender zu sich holt – und immer so weiter, von Spende zu Spende, bis Allah mich zu sich holt.

Der Olivenbaum

Ein weiser Nomade wird gefragt,
welche Arten von Frauen es gibt.
Darauf antwortet er:
»Es gibt drei Arten von Frauen.
Jede entspricht einem Baum.
Die städtische Frau ist wie eine Weinrebe,
sie braucht viel Pflege und ist sehr zerbrechlich.
Die Bäuerin gleicht dem Feigenbaum,
sie ist stark und braucht weniger Pflege.
Die Beduinenfrau aber entspricht dem Olivenbaum,
sie ist stark, gedeiht überall ohne Pflege,
ist ewig und immer grün.«

Mein Hunger nach Zärtlichkeit ist grenzenlos, die Fremde so herzlos und die Sehnsucht nach der Heimat übermächtig. Was sage ich Dir nach zehn Jahren Trennung und Entfremdung? Laß mich vor Dir auf die Knie fallen. Oh, wie sehr wünsche ich mir, Dir wieder zu begegnen! Meine Briefe vermögen auch nicht annähernd, meine Gefühle für Dich auszudrücken.

Wie schön es ist, Dir zu schreiben und über Dich zu schreiben! Du bist ein Fluß aus Liebe, in dem ich meinen Durst löschen will. Ich möchte hineintauchen und mich darin von der Fremde reinigen. Deine Briefe sind Medizin für die Seele, obwohl sie mich zum Weinen bringen.

Meine Worte finde ich wieder in Deinem lachenden Gesicht. Ich denke an Dich und verwandle Deine Worte zu Waffen gegen die Unmenschlichkeit. Ich bedecke alle Menschen, die nach Zärtlichkeit dürsten, mit Deiner Wärme.

Deine Liebe und Deine Großzügigkeit kennen keine Grenze, keine Rasse und keine Farbe. Du, Braut der Zärtlichkeit, nur die,

die lieblos sind und allzu reich an Verstand sich wähnen, zwangen Dich zu Haß und Steinewerfen.

Du lächelst und behältst Deinen Humor, obwohl Du unter der unmenschlichen Besatzung lebst.

Du, Große und Starke, hast mir beigebracht, wie und wen ich lieben soll. Ich bin Gefangener Deiner Zärtlichkeit und Deines Schattens. Ich sehe Deine schneeweißen Haare im Wind wehen, so wie ich sie jedesmal, wenn wir voneinander Abschied nahmen, bewundert habe.

Ich bin glücklich, daß Du geblieben bist, wo Deine Wurzeln sind. Du brauchst nur in die Bilderkiste zu schauen, und schon siehst Du, wie blind und beeinflußt wir sind. So wie Zakeyyas Esel. Doch der Unterschied ist, daß Zakeyyas Esel weiß, wer ihn zieht und wohin er gezogen wird. Wir dagegen werden gezogen, ohne zu wissen wohin und von wem. Und wenn einer von uns schreit, hört es niemand. Wir sind kastriert worden, wie es ein arabisches Sprichwort trefflich beschreibt: »Deine Zunge ist wie Dein Pferd. Wenn Du sie festhältst, dann hält sie auch Dich – doch wenn Du sie losläßt, höhnt sie Deiner.«

Ich fühle, wie ich in Dir verwurzelt bin. Der Olivenbaum, in dessen Schatten Du uns gestillt hast, kann Deine Ewigkeit bezeugen.

Dein
Wadi

Das taube Telefon

»Hallo, hallo! Bist du's, Wadi?« schrie die Stimme aus dem Telefon mir ins Ohr. Hast du etwas zu schreiben? Schreib mal auf: 47689.«

Ich entgegnete der Stimme genauso aufgeregt und hektisch: »Nochmal bitte, was hast du gesagt?«

Die Stimme wiederholte die Telefonnummer, und ich notierte sie auf einem kleinen Stück Papier, das ich aus der Hosentasche gekramt hatte. Die Stimme sprach weiter: »Schöne Grüße von deiner Tante, sie wartet darauf, daß du sie anrufst.«

Nun erst merkte ich, daß es die Stimme meines Cousins war und er mir die Telefonnummer meiner Eltern durchgegeben hatte. Seit kurzem waren sie glückliche Besitzer eines eigenen Telefons, und nun wußte ich es auch.

Sein Anruf machte mich nachdenklich. Ich überlegte, wann ich zuletzt bei meiner Mutter gewesen war, und mir zog die letzte Begegnung wie ein Film an meinem inneren Auge vorbei. Sie erschien mir wie etwas längst Vergangenes, und ich merkte, daß ich plölzlich hellwach dabei wurde. Ich konnte mir alles vorstellen und zusammenphantasieren, nur, daß meine Mutter telefonierte, das war für mich unvorstellbar. Meine Mutter, die nie in ihrem Leben in der Stadt gewesen oder mit dem Auto gefahren war, sie sollte telefonieren? Das konnte in die Geschichte eingehen!

»Der arme Hahn, warum habt ihr ihn hier festgebunden? Er schreit sich heiser – befreit ihn, laßt ihn raus! Ihr armen herzlosen Männer!«

Das war ihr Kommentar gewesen, als sie zum erstenmal in ihrem Leben ein Telefon gesehen hatte.

Nachdem ich so meine Gedanken hin- und hergewälzt hatte, entschloß ich mich, einen Anruf bei meiner Mutter zu versuchen. Bei diesem naßkalten Wetter in Deutschland wollte ich mich von ihrer Stimme wärmen lassen. Ich wählte die Nummer, und bei jeder Zahl, mit der ich unserer Begegnung näher kam, wurde ich aufgeregter. Mein Körper war in höchster Anspannung.

Nun klingelte es bei meinen Eltern. In der Erwartung, daß der Hörer jetzt gleich abgehoben würde, beschleunigte sich mein Atem, und mein Herz klopfte heftig. Der Hörer wurde abgehoben, und eine jugendliche Stimme sagte laut: »Onkel, bist du's? Ich bin es! Wie geht es dir? Uns geht es gut!«

Die Stimme wurde auf einmal schwächer, als ob jemand dem Sprecher das Telefon entrissen hätte. Mehrere Stimmen waren jetzt durcheinander zu hören. Dann entwirrte sich das Durcheinander, und ich hörte wieder die mir schon bekannte Stimme: »Weizen und Erde aus Palästina schicken wir dir, damit du Palästina nicht vergißt!«

Eine ältere ruhige Stimme sprach besänftigend dazwischen: »Keine Politik, bitte, am Telefon! Wir sind hier, um mit Wadi zu sprechen.«

Die junge Stimme flüsterte: »Ein Reaktionär!« und redete weiter darauflos: »Ich bin dein Neffe, erinnerst du dich? Nabil? Nummer 10.«

»Nummer 10?« überlegte ich; wie soll ich wissen, wessen Sohn er war, wo doch schon vor zwei Monaten meine kleine Nichte Nummer 26 zur Welt gekommen war. Ich schüttelte meinen Kopf, als wollte ich meine Gedanken abschütteln. Ich redete mit ihm und hörte im Hintergrund eine Frauenstimme, die unermüdlich auf Nummer 10 einredete: »Jetzt reicht es aber, laß deine Großmutter mit ihm reden – Politik ist Steinewerfen – nicht Reden!«

Diese Stimme erschien mir sehr bekannt, und sie bewegte mich.

»Allah schütze deine Zunge!« hörte ich sie im Chor sagen.

Ich sah im Geiste unser Dorf, die Quellen, den Weideplatz. Nun wußte ich, daß das die Stimme meiner Hebamme, meiner zweiten Mutter war, einer stolzen und unabhängigen Frau. In Gedanken roch ich ihre Pfeife und spürte ihre Hand auf meinem Kopf, wie sie mir liebevoll durchs Haar strich: »Du wirst immer größer.«

Das machte sie bei allen Kindern im Dorf, die sie auf die Welt gebracht hatte. Ich küßte ihre Hände, und sie betete, ihre Hand auf meinen Kopf gelegt, um die bösen Geister zu vertreiben. Dann holte sie aus ihrer Tasche, die in einem bestickten Gürtel eingenäht war, ein Bonbon und steckte es mir in den Mund. Ich verabschiedete mich von ihr und ging weiter in der Hoffnung, sie morgen an der Quelle wiederzusehen.

»Gib mir die *Ohren*, du Steinewerfer!« weckte mich die Stimme meiner Mutter aus meinem Traum.

Mein Atem beruhigte sich. Mein Neffe Nummer 10 sagte noch hastig: »Steine haben wir genug, keine Angst, Kopf hoch, mein Onkelchen!«

Jetzt hatte meine Mutter den Hörer in der Hand: »Mein Augapfel, wie geht es dir?« Ihre Stimme klang abgehackt, und die Worte waren nicht sehr deutlich zu hören.

Die Stimme der Hebamme sagte im Hintergrund: »Laß ihn in der Mitte, damit wir mithören können!«

»Allah schütze deine Zunge! Auf meinem Schoß hat er es wärmer«, antwortete ihr meine Mutter.

Darauf die Hebamme: »Ich decke ihn zu«, und dann hörte ich nur noch: »Tüt, tüt, tüt...«

Ich lachte und hörte mir noch eine Weile den Tüt-tüt-tüt-Ton an und phantasierte, wie die Unterhaltung bei ihnen wohl weiterging. Ich bedauerte ein wenig, daß ich nicht bei ihnen war und sehen konnte, wie sie sich das nun erklären würden. Ich legte den Hörer auf, machte mir einen heißen Tee und kramte mein Fotoalbum hervor, in dem ich mir mein Zuhause anschaute. Ich wählte die Nummer noch einmal, denn ich befürchtete, meine Mutter würde sich Sorgen machen. Ich staunte, als der Telefonanschluß besetzt war und versuchte es noch einmal und noch einmal... immer besetzt! Ich versuchte eine Erklärung zu finden – vergeblich!

Dann hatte ich eine geniale Idee: Vielleicht war mein Telefon nicht in Ordnung – und das die Ursache. So entschloß ich mich, aus einer Telefonzelle anzurufen.

Ich ging von Telefonzelle zu Telefonzelle, doch jedesmal, wenn ich die Nummer gewählt hatte, kam der Ton: »Tüt, tüt, tüt...«

Nach langen Versuchen war »Tüt, tüt, tüt« nicht mehr am Apparat, und ich erschrak fast, denn ich hatte es eigentlich nicht mehr erwartet.

Es war die Stimme einer jungen Frau, die sich meldete: »Na Wadichen, wo warst du denn? Alle haben mit dir gesprochen, doch als ich an der Reihe war, war deine Stimme verschwunden.«

Ich erwiderte: »Sag bloß! Wie geht das?«

Sie sprach weiter und sagte, ich solle alles machen, was mir meine Mutter geraten hätte. Ich versuchte zu antworten, doch sie redete weiter und weiter, ohne mich zu Wort kommen zu lassen. Nach mehreren vergeblichen Versuchen schaffte ich es endlich, einen Satz dazwischenzuschieben: »Gib mir jetzt mal meine Mutter, ich kann nicht so lange telefonieren.«

»Wadichen«, sprach die Stimme unbeeindruckt weiter, »wir haben heute dein Lieblingsessen gehabt: Auberginen, Joghurt, Knoblauch, Zitrone, Thymian und Sesam. Und den Thymian habe ich gepflückt, wo du immer mit den Lämmchen auf der Weide warst.«

Nun merkte ich, daß es meine Schwester war. Ich sagte: »Ja, ja, gib sie mir!«

Eine andere Stimme war zu hören: »Ich, ich auch, ich habe seine Stimme auch noch nicht gehört!«

Ich fing an, ganz laut ins Telefon zu schreien, doch ich hörte nur: »Warum redest du so leise? Wir können dich nicht hören!«

Ich schlug auf das Telefon und fluchte drauflos.

Auf einmal hörte ich eine Stimme hinter mir: »Sie Idiot, Sie haben meinen Blacky erschreckt!«

Ich wußte im ersten Moment nicht, was passiert war, schaute mich um und entdeckte vor der Telefonzelle eine ältere Frau im Pelz, die einen kleinen schwarzen Hund streichelte und beruhigend auf ihn einredete. Sie zeigte mir den Vogel und ging weiter.

Die Stimme am Apparat sprach immer noch, und langsam merkte ich, daß sie über den Telefonapparat sprachen. Mein Blick fiel auf die Münzanzeige, und ich stellte fest, daß mein Telefon nicht richtig funktionierte. Damit ich nicht noch einmal einen Hund erschreckte, hörte ich weiter zu, was gesprochen wurde, ohne selbst gehört zu werden.

Ich hörte, wie eine Stimme sagte: »Ich glaube, sein Ohr ist schmutzig, gib es mir, ich mache es sauber.«

»Was heißt hier schmutzig, es ist noch ganz neu, ich bitte dich«, entgegnete meine Mutter.

»Dann mach es aus, es ist warm geworden!«

Eine Männerstimme behauptete: »Das war die Politik, deshalb wurde unsere Leitung unterbrochen. Das Telefon wird abgehört!«

»Was, den Draht durchgeschnitten?« riefen mehrere Stimmen aufgeregt durcheinander.

»Allah möge ihre Zungen abschneiden! Sie haben unser Land gestohlen, schießen auf uns, und jetzt wollen sie auch noch, daß wir nicht einmal mehr mit unseren Kindern sprechen! Allah sei mein Zeuge, wenn jemand das Telefon abschneidet, schneide ich ihm seine Zunge ab!«

»Keine Angst, Im Ibrahim«, sagte Hadji, meine Hebamme. »Hier stelle ich mich vor die Tür! Nicht einmal über meine Leiche kommen sie. Ich treibe sie mit meinem Pantoffel zur Tür hinaus.«

»Und ich halte das Telefon fest!« hörte ich die Stimme meiner Mutter.

Dann noch einmal Hadji: »Im Ibrahim, bist du sicher, daß das Telefon weiß, daß heute Wadi mit ihm spricht?«

»Wozu seid ihr hier? Weshalb habe ich euch heute sonst eingeladen. Ich habe es schon vielen erzählt, sicher hat es uns verstanden.«

»Aber wenn es uns nicht verstanden hat – dann – Allah möge ihm Gesundheit schenken, dann ist es eben taub!«

Ich lächelte und hängte den Hörer ein. Im Spaß sagte ich im Weggehen zu meinem Telefon: »Gute Besserung!«

Eine Braut für den Sohn

Oh, mein Söhnchen, mein Auge, mein Herz! Allah möge Dir Gesundheit und Wohlergehen schenken und Dich vor bösen Geistern schützen! Gepriesen sei Allah! Auf Schritt und Tritt begleitet Dich mein Wohlgefallen und mein Segen. Allah möge Dir alle geschlossenen Türen öffnen! Meine große Sorge aber ist, warum die ehrbare Tochter noch nicht gefunden ist.

Heirat ist die andere Hälfte der Religion.

Du weißt, Du bist der einzige, der noch ledig ist. Die Frau Deines jüngsten Bruders ist schon schwanger. Im Namen Allahs und nach seinem Willen möge es ein Sohn werden. Ich war bei der Wahrsagerin, und sie hat mir aus dem Kaffeesatz meine Zukunft vorhergesagt. Ich saß auf einem Pferd, das heißt, es wird ein Junge. Wenn ich die Mädchen hier im Dorf sehe, wie eine nach der anderen heiratet, verliere ich die Hoffnung für Dich. Wie Du weißt, hat Dein Vater meinen Goldreif in einer schlechten Saison eingetauscht, damit die Tiere nicht verhungern mußten. Wenn das nicht gewesen wäre, hätte ich Deiner Braut die Aussteuer besorgt und zu Dir geschickt. Dir gegenüber möchte ich freigiebig sein.

Das Leben bei uns ist sehr teuer, mein Augapfel. Sie sagen, der »Dollar« ist schuld daran. Allah möge ihn heimsuchen und seine Knochen brechen. Du weißt, wie das Leben unter der Besatzung ist. Überall Militär. Ich getraue mich nicht mehr, wie in früherer Zeit, nach draußen zu gehen. Auch müssen wir jetzt viel Steuern zahlen. Bei jedem Vollmond kommen die Beamten. Schafe können wir uns in letzer Zeit nicht mehr leisten. Sie sagen auch, Schafe zerstören das Land und die Bäume. Oh mein Herz, seit sie überall Siedlungen und große Häuser bauen, kann ich nicht mehr frischen Thymian, Salbei und Pfefferminze auf dem Weideplatz sammeln. Oh, wie wünsche ich mir einen frischen Salat mit Thymian. Allah mag mich strafen, wenn ich lüge, aber wir hatten seit langer Zeit keinen Thymian auf dem Tisch. Erinnerst Du Dich, mein Sohn, wo wir zusammen Thymian gesammelt haben? Auf diesem Platz wurde eine Siedlung errichtet. Wenn ich daran vorbeigehe, schließe ich meine Augen.

Ich überlege mir in letzter Zeit öfter, ob ich Deine Schwester zu Dir schicken soll, damit sie für Dich eine Braut sucht, denn *Eine Hand alleine kann nicht klatschen* und *Ein Fremder in der Fremde ist blind*. Mein Sohn, wie Du weißt, trägt sie alle Lasten, nachdem Dein Vater gestorben ist – Friede seiner Seele, das Paradies sei sein Haus! Allah möge Deiner Schwester viel Kraft und ein langes Leben schenken. Sie ist meine rechte Hand. Aber was sagen die Leute, wenn ich eine *Walia*, eine Frau in die Fremde schicke? *Ihr Getratsch wird sein wie Messerstiche.*

Mein Sohn, *Geduld ist der Schlüssel zum Glück*. Kopf hoch, verzage nicht und entehre uns nicht. Laß uns nicht zum Gespött der Leute werden. Allah möge mir verzeihen, was ich Dir jetzt sage. Heiraten ist bei uns sehr teuer geworden. Sie verlangen Kleider und Möbel aus der Stadt. *Das Geld bringt die Braut*. Du bist jetzt groß, suche Dir selbst eine Braut, aber entehre uns nicht. Allah möge Dir Kraft geben und mein Segen Dich schützen.

Gestern war ich bei den Nachbarn. Seit sie eine Bilderkiste haben, gehe ich manchmal hin und gucke zu. Du weißt, daß wir oft Sperrstunde haben und deshalb nicht nach draußen gehen. Allah möge auch das Leben der Soldaten sperren! Ich habe etwas von Almaniya in dem großen Kasten gesehen. Die ganze Zeit habe ich Dich dabei mit offenen Augen gesucht. Ich wollte sehen, wie Du wohnst. Aber ich habe Dich nicht gesehen.

Das Gucken war jedoch nicht umsonst. Ich habe eine Braut für Dich gefunden. Und mein Herz hat sich für sie geöffnet. Söhnchen, wenn Du sie an der Quelle, am Weideplatz oder auf dem Markt triffst, sollst Du ihr vorsichtig folgen, damit Du weißt, wo ihre Mutter wohnt und Du sie um die Hand ihrer Tochter bitten kannst. Sie ist blond, mein Sohn, goldene Haare fallen ihr bis auf die Hüften, und ihre Augen glänzen selbst in der Dunkelheit. Sie kann Dir Deine Dunkelheit erleuchten. Ich habe es als meine Aufgabe verstanden, die Leute nach ihrer Familie und ihrem Namen zu fragen, damit auch ich um ihre Hand für Dich anhalten kann. Allah möge alle bestrafen, die über alte Leute lachen – so sehr haben sie sich über mich lustig gemacht. Sie sagten, daß diese Blonde eine Sängerin sei und mit Männern arbeite. Gott schütze sie um ihrer Augen willen!

Wenn Du Dir also selbst eine Braut suchst, achte auf folgendes. Wenn Du eine Frau heiraten willst, frage auch ihren Cousin, denn er hat das erste Anrecht auf sie. Du weißt, wenn die Braut auf dem Pferd sitzt, um ihrem Bräutigam zu folgen, gilt sie als vergeben; nur ihr Cousin kann ihr im letzten Augenblick befehlen abzusteigen. Wenn ihr euch also verständigt habt, teilt es auch den Leuten mit, denn es ist gut, auf sicherem Boden zu stehen. Beachte, daß *zwei Kapitäne auf einem Schiff es untergehen lassen!* Ich rate Dir auch, nicht mit Schulden zu heiraten. *Schulden in der Nacht sind Sorgen bei Tag*, sind eine Erniedrigung. *Die Heirat eines Armen mit einer Armen ist wie Brotteig ohne Sauerteig*. Bevor Du eine Frau heiratest, sollst du ihre Mutter näher kennenlernen. Denn *die Tochter einer ehrbaren Frau ist selbst auch ehrbar*. Deine zukünftige Tochter, Gott schütze sie, wird einst meinen Namen tragen, Dein Sohn den Namen Deines Vaters – Allah möge seiner Seele Frieden geben! Vergiß es nicht! Also achte die Mutter der Braut, denn sie ist Deine Mutter in der Fremde. Von der Mutter geht die Liebe aus. Man sagt: *Der Duft der Mutter zieht an, der Duft des Vaters stinkt*. Küsse die Hand Deiner Schwiegermutter. Sorge für sie und besuche sie nicht mit leeren Händen.

Denke an meine schneeweißen Haare, mein Augapfel. Mit einem Bein stehe ich bereits im Grab. Bevor sich meine Augen schließen und ich neben dem alten Olivenbaum in der roten Erde beigesetzt werde, möchte ich die Nachricht von Deiner Heirat hören.

Bald schicke ich Dir als Brautgeschenk Henna, das unser Nachbar aus der heiligen Stadt Mekka mitgebracht hat. Dazu lege ich auch meinen Hochzeitskopfschmuck, das rote Tuch für die Braut. Ich habe es extra für Deine Hochzeitsnacht aufbewahrt. Alle Brautgeschenke von uns – Deinen Eltern und Geschwistern – gehören der Braut allein. Das ist Brautrecht, mein Sohn, das sind die Sitten. Du mußt auch in der Fremde unsere Sitten achten! Denke an den Ruf unserer Familie und respektiere das Eigentum Deiner Braut, damit die Leute nicht sagen können, Du wolltest dich durch Heirat bereichern. *Handel mit Heirat bringt Verlust*. Schütze die Ehre Deiner Frau. Sie ist alles für Dich. Iß, was sie kocht, und vergiß nicht, daß sie die Mutter Deiner Kinder sein wird. Ihre Ehre ist Dein Vermögen. Mein Rat an Dich: *Die Ehre wird nicht durch das Schwert geschützt*. Bewahre die Ehre Deiner Frau, und sie wird Dich bewahren. Vergiß nicht, daß Du Schwestern hast, deren Ehre auch geschützt werden muß. *Wer in einem Haus aus Glas wohnt, wirft nicht mit Steinen nach den Leuten*.

Ein großes Hochzeitsfest soll unsere Ehre beweisen. Arme und Reiche sollen satt und zufrieden nach Hause gehen. Sei nicht geizig! *Geiz ist der Feind Gottes. Reichtum ohne Geben ist Armut.* Sei gastfreundlich wie Dein Vater – Friede sei mit seiner Seele.

Bevor ich mich von dir verabschiede, noch eine Bitte. Als Du letzthin versuchtest, uns zu sprechen, haben wir Dich nicht verstanden. Du weißt, daß wir den Telefonapparat erst bekommen haben, als Du bereits in der Fremde warst. *Er* kennt dich noch nicht. Sprich deshalb noch einmal mit *ihm*. Mein Sohn, Allah möge Dir Weisheit verleihen, damit Du Dir die rechte Braut wählst. Mein Segen soll Dich beschützen und meine Liebe begleiten.

Deine Mutter

Der Gast ist der Gefangene des Gastgebers

Sie stampfte mit dem Fuß auf den Boden und schnalzte mit einer Hand, während sie sich mit der anderen den Bauch hielt. Unsere Blicke trafen sich, und sie sagte böse: »Warum läßt sie mich nicht auf die Toilette?«

Ich zuckte mit den Schultern und wußte nicht, was ich meinem Gast antworten sollte, denn ich konnte auch nichts ändern. Ich versuchte, sie zu trösten und sagte lächelnd: »Du wartest nun schon eine Stunde, seit wir vom Flughafen weg sind, jetzt kannst du noch fünf Minuten warten. Es wird nicht so lange dauern, bis sie ihre Toilette saubergemacht hat. Sie ist nicht so groß. Warte.«

»Ist es Sitte hier, daß man die Gäste vor der Toilette warten läßt, bis sie sie sauber gemacht haben?« Ihre Stimme hörte sich kraftlos und matt an, und ich dachte, sie finge jeden Moment an zu weinen. In ihren Augen konnte ich lesen: »Warum bin ich nur hierher mitgekommen, und was, um Himmels willen, habt ihr mit mir vor?«

Das Geräusch des Schrubbers lenkte unsere Aufmerksamkeit wieder auf die Toilette. Es war schnell und regelmäßig. Ich versuchte, meinen Gast zu beruhigen: »Bestimmt ist die Frau empfindlich, was Sauberkeit angeht. Sie hat viele Kinder. Es hat sicher nichts mit dir zu tun.«

»Was machen erst deine Eltern mit mir, wenn schon die Nachbarn einen solchen Aufstand um mich machen!« Ich lachte und rief der Nachbarin zu: »Bitte, beeilen Sie sich, unser Gast hält es nicht mehr aus«, und ich klopfte an das Toilettenfenster.

»Ich bin gleich soweit, Professor Wadi! Eile ist Teufelswerk.« Ihre Stimme klang atemlos, doch die Tür öffnete sich endlich, und die Nachbarin tauchte wieder auf; schwanger, die Schürze hoch gekrempelt, stand sie vor uns, und auf der Stirn standen ihr noch die Schweißperlen. »Wie Sie wissen, Herr Professor, haben wir viele Kinder, und die machen viel Schmutz. Ich schwöre bei Allah, daß ich ihnen den ganzen Tag hinterherputze. Bevor Sie kamen, waren die Kinder auf der Toilette. Ich hoffe, daß unsere bescheidene Toilette für Ihren Gast ausreicht. Man kann sich nicht setzen. Doch, was sollen wir machen? Wir können uns keine andere leisten.«

Inzwischen hatte unser Gast seine Notdurft verrichtet. Danach saßen wir zu dritt auf dem Balkon der Nachbarin neben dem Gasofen. Auf der Fensterbank standen Blumentöpfe, aus denen Blumen in bunten Farben in die Höhe sprossen. In der Mitte stand ein gedeckter Tisch, auf dem alles zu finden war: mehrere Sorten Oliven, Kichererbsenmus mit Olivenöl, Brot, Schafkäse, Salat, gebratene Auberginen, Feigen und eine Kanne Tee.

Meine Nachbarin entschuldigte sich bei uns mit den Worten: »Wir warteten gerade auf meinen Mann und wollten mit ihm zu Abend essen. Es tut mir leid, aber dieser Empfang entspricht nicht Eurer Ehre als Gäste bei uns.«

»Ihre Gastfreundschaft kenne ich doch, wir sind Nachbarn und keine Fremden!« entgegnete ich freundlich.

»Danke ihr, sag ihr, daß sie sehr nett ist«, flüsterte mir meine Freundin zu.

»Gefiel es ihr nicht, war das Klo nicht sauber?« unterbrach uns die Gastgeberin und faßte sich besorgt ans Kinn.

»Im Gegenteil« antwortete ich, »sie findet Sie sehr nett und möchte sich für Ihre Freundlichkeit bedanken.«

»Wie schön« sagte sie und schaute nach oben mit den Worten: »Ich danke dir, Allah, daß du mir beigestanden hast.« Nun blickte sie auf meine Freundin und streichelte ihr über die Schulter: »Fühlen Sie sich wie zu Hause!« Sie lachte dabei wie ein Kind, das gerade eine Tafel Schokolade geschenkt bekommt.

Auf einmal blickten beide auf mich, als ob ich ihnen weiterhelfen sollte. An der Stimme der Nachbarin merkte ich, daß sie aufgeregt war, sie sprach schnell, undeutlich und zusammenhanglos, stellte uns zahllose Fragen, ohne auf Antwort zu warten. Währenddessen wischte sie zwei-, dreimal über den

Tisch und schaute in kurzen Abständen immer mal wieder in die Küche. Auch wenn man nicht in die Küche schauen konnte, hörte man doch am Geräusch des Gaskochers, wem ihre Aufmerksamkeit galt.

»Wir sind nicht sehr hungrig« sagte ich.

»Was heißt nicht sehr hungrig?« fragte sie enttäuscht und schob uns zwei reichlich gefüllte Teller zu. Sie lachte: »Allah hat euch zu mir geschickt! Einen Gast zu bewirten, der von so weit herkommt, davon habe ich bisher nur geträumt! Jeder Gast ist eine schöne Überraschung für mich!« freute sie sich und streichelte meiner Freundin nochmals über die Schulter.

»Wir haben schon auf dem Weg vom Flughafen hierher gegessen, was meine Mutter mir als Proviant mitgegeben hatte. Ich habe meinen Gast von dort abgeholt«, versuchte ich die Nachbarin zu beruhigen.

»Das hat deine Mutter gut gemacht! Essen im Restaurant zeugt nicht von Gastfreundschaft! Das ist etwas für Leute, die kein Zuhause haben.« Die Nachbarin schnitt einen Apfel in der Mitte durch und reichte jedem von uns eine Hälfte.

»Wie Sie wissen, ist unser Haus voller Menschen. Das ganze Dorf traf sich dort, um uns zu empfangen. Jetzt sind wir hierher, zum anderen Haus gekommen, um ein wenig Ruhe zu haben.«

»Das war mein Glück«, sagte die Nachbarin fröhlich; doch dann wurde ihr Gesichtsausdruck finster, und sie sprach: »So sind sie, unsere Dorfbewohner! Sie müssen überall ihre Nase hineinstecken!« Sie drohte mit dem Zeigefinger, als wollte sie Kindern etwas verbieten.

»Dafür sind sie gastfreundlich«, verteidigte ich mein Dorf.

»Da haben Sie recht! « fügte die Nachbarin lachend hinzu und goß uns Tee in die noch fast vollen Tassen nach.

Meine Freundin flüsterte mir zu: »Sag, daß ich keinen Zucker in den Tee möchte.«

»Wünscht Ihr Gast etwas?« fragte mich die Nachbarin besorgt. »Allah möge Ihrer Mutter verzeihen, sie ist eine alte Frau und kennt alle Verpflichtungen ihren Gästen gegenüber... doch ich verzeihe ihr ihren Fehler, daß sie mir nicht früher gesagt hat, daß ihr kommt.«

»Machen Sie sich keine Sorgen, mein Gast ist müde und satt,

und meine Mutter freut sich über Ihre Gastfreundschaft«, versuchte ich, die Nachbarin zu beruhigen.

Sie lachte, und ich hatte das Gefühl, daß sie unsere Anwesenheit genoß. Je mehr wir aßen, desto ruhiger und zufriedener wurde sie. Nun wandte sie sich an mich und flüsterte mir kichernd zu: »Vergiß sie nicht, Herr Professor Wadi, unsere Gastregel. Das Essen eines Satten besteht aus vierzig Bissen«, und forderte mich auf, unserem Gast zu übersetzen.

»Die Deutschen sagen das nicht, wie sollte ich das erklären?« Ich hob die Schultern und lächelte verlegen.

Sie freute sich und lachte laut: »Sie sind noch der Alte, humorvoll wie eh und je.« Nach kurzer Überlegung fügte sie hinzu: »Die Europäer sind nett und wohlhabend, ja das habe ich im Fernsehen gesehen! Wer nicht Hunger leiden muß, ist sicher gastfreundlich.«

Das Motorengeräusch israelischer Panzer unterbrach unser Gespräch. Wir schauten gleichzeitig aus dem Fenster und sahen, wie die Scheinwerfer der Panzer unser Dorf hell erleuchteten und aus dem Schlaf rüttelten. Der Anblick ängstigte mich. Ich hatte das Gefühl, ein Fremder in meiner Heimat zu sein.

»Da sind sie, unsere Besatzer!« sagte die Nachbarin bitter. »Unsere unfreiwilligen Gäste, die uns nicht verlassen wollen. Wie die Hunde in der Nacht jaulen sie mit und ohne Grund. Sie haben uns besiegt; doch bald weht der Wind vielleicht von einer anderen Seite!« Dabei nahm sie ihre Hände von den Hüften und strich sich über ihren dicken Bauch.

Wenn ich heute an die *Intifada* denke und daß wir fast überall anerkannt sind, fühle ich ihre klugen Worte durch die Geschichte bestätigt.

Wir verabschiedeten uns von unserer Gastgeberin und gingen nach nebenan, um zu schlafen.

»Ich hoffe, daß bei deiner Mutter das Klo nicht verstopft ist«, sagte meine Freundin lachend, sobald wir in unserem Zimmer waren.

»Keine Angst, meine Mutter läßt dich nicht zu anderen Leuten gehen. Laß uns schlafen«, sagte ich und zog mir die Decke über das Gesicht.

Ich merkte, daß meine Freundin viele Fragen auf der Zunge

hatte, die sie von mir beantwortet haben wollte. Ich kenne meine Mutter, sie verhält sich so natürlich, daß ich nicht wußte, wie ich es meinem Gast erklären sollte.

Meine Freundin kannte ein paar Worte auf arabisch: Salam aleikum! Schukran! Sakie! Shabán! usw. Sie wußte aber nicht, wie sie sich drei Wochen lang mit meiner Mutter und meiner Schwester verständigen sollte. So legten wir uns schlafen und erwarteten den nächsten Tag mit Spannung.

Ein heftiges Klopfen an der Tür weckte uns. Schlaftrunken öffnete ich die Augen und hörte eine mir bekannte Stimme, die meines Bruders: »Steht auf, unsere Mutter wartet schon auf euch!«

Unser Gast sprang erschrocken auf, rieb sich die Augen und flüsterte: »Wer ist das?«

Ich streckte mich in die Höhe und antwortete: »Es ist mein Bruder, der uns abholt.«

»Gut« sagte sie und taumelte im Halbschlaf zum Waschbecken. Ich suchte meine Hausschuhe, zog sie an und ging zur Tür. Ich öffnete und begrüßte meinen Bruder.

»Hat unser Gast gut geschlafen?« fragte er.

»Wie ein Stein.«

»Meine Mutter wollte es unbedingt wissen.« Er zündete sich eine Zigarette an und redete weiter: »Mutter hat sich heute Nacht Sorgen um euch gemacht. Du weißt, sie hat den Gast noch nie gesehen.«

»Ihr Wunsch wird bald in Erfüllung gehen. Wir kommen gleich. Du kannst schon mal vorausgehen.«

»Ich gehe keinen Schritt ohne euch«, entgegnete er. »Unsere Mutter wartet mit dem Früstück auf euch.«

»Schon gut, aber du mußt warten, bis wir uns fertiggemacht haben.«

»In der Zwischenzeit hole ich schon mal das Dorftaxi. Gerade bin ich dem Taxifahrer begegnet, als er das Wasser für den Motor nachgefüllt hat. Er hat auch schon nach unserem Gast gefragt und grüßt euch!«

»Wozu brauchen wir eigentlich bei dem schönen Wetter ein Taxi?«

»Mutter wünscht es so!«

»Na und? Du mit deiner Mutter und ihrem Aberglauben, wo gibt es denn noch böse Augen? Das Land ist besetzt, und ihr glaubt noch an böse Augen?«

»Man merkt, daß du aus Deutschland kommst, sag das deiner Mutter, nicht mir! Ich befolge nur Mutters Befehl.« Er wandte sich zur Tür und bemerkte noch: »Sicher hat das Taxi jetzt genug Wasser; ich hole es, dann kann auch der Taxifahrer seine Neugier stillen.«

»Gut, dann kann unsere Mutter sicher sein, daß wir mit dem richtigen Taxi gebracht wurden.«

Draußen warteten wir bei schönstem Sonnenschein neben den Koffern auf das Taxi. Es war wunderbar warm, und die Wärme durchströmte den Körper. Am liebsten hätte ich die warmen Windstöße umarmt.

Das Taxi kam, und der Chauffeur begrüßte uns mit Handschlag: »Ist das der Gast aus Almaniya?« fragte er mich.

Meine Freundin horchte bei dem Wort »Almaniya« auf und fragte mich, ob ich ihn kenne. Ich erzählte ihr, daß der Chauffeur die Strecke zwischen unserem Dorf und der Stadt seit zwanzig Jahren fahre, beinahe jeden in der Gegend kenne und ein guter Kunde meiner Mutter sei, der regelmäßig bei ihr Joghurt hole.

»Wie lange bleibt der Gast?« fragte der Chauffeur und verstellte den Rückspiegel so, daß er uns darin sehen konnte.

Ich erwiderte seinen Blick und sagte: »Drei Wochen.«

Er faßte sich an seinen Schnurrbart: »Ich wette, sie wird länger bleiben, wenn sie erst einmal den Geschmack des Joghurts deiner Mutter auf der Zunge hatte. Gast bei eurer Mutter zu sein, ist wie ein Gewinn im Lotto.«

»Ihr Flugticket ist begrenzt, sie muß nach drei Wochen wieder zurück.«

Er kräuselte die Stirn und meinte: »Sie wird weinen, wenn sie eure Mutter verlassen muß.« Nach einer kurzen Pause fuhr er fort: »Ja unter der Besatzung können drei Wochen schon zuviel sein. Hoffentlich bleibt es ihr erspart zu sehen, wie die Besatzer unsere Häuser in die Luft sprengen oder auf die Kinder schießen.«

Das Taxi fuhr im Schrittempo ins Dorf hinein, gefolgt von einem Pulk barfüßiger Kinder, die mit den Händen über dem Kopf klatschten und laut »Almaniya, Almaniya!« schrien. Andere, an denen wir vorbeifuhren, winkten uns zu. Meine Freundin errötete vor Verlegenheit, und ich glaube, sie hätte sich am liebsten versteckt. Zu ihrem Glück war der Weg jedoch nur kurz.

An der Tür empfing meine Schwester Mariam den Gast mit strahlendem Gesicht und sagte: »Das Haus leuchtet von deiner Ankunft.« Sie warf den Kindern Süßigkeiten zu, die sich wie wild darauf stürzten. Daß sie Süßigkeiten bekommen, wenn der Gast aus Deutschland eingetroffen sei, das hatte ihnen meine Mutter versprochen.

Meine älteste Schwester begrüßte den Gast als zweite und schickte ihn weiter zu meiner Mutter, die unter dem Jasminbusch stand und sich freute. Sie ging mit geöffneten Armen auf meine Freundin zu und sagte: »Willkommen in deinem Haus!« Meine Mutter bat sie ins Haus und forderte sie auf, auf dem einzigen erhöhten Bett Platz zu nehmen. Daneben stand ein reichlich gedeckter Tisch. Sie nahm ein kleines Stückchen Brot mit Schafskäse und schob es dem Gast in den Mund. »Das ist Allahs Belohnung, iß, meine Tochter«, sagte sie und streichelte ihr über die Schulter. Ihre Augen wechselten glückliche Blicke, und ich merkte, daß meine Freundin zufrieden war. Wahrscheinlich lag es an der Art, wie meine Mutter mit ihr sprach, langsam und mit vielen Handbewegungen. Während meine Mutter redete, beobachtete sie den Gast genau und konnte sofort feststellen, ob sie verstanden worden war.

Wir frühstückten gut gelaunt. Nebenbei regelte meine Mutter, wo unser Gast schlafen werde, wohin das Gepäck komme und daß sich der Gast am Abend duschen solle, da viele Leute aus dem Dorf zur Begrüßung kämen.

Ein Klopfen an der Tür machte meine Mutter unruhig.

»Das ist sicher der Wachhund«, sagte meine Schwester und blickte mit bösem Blick auf die Tür. Mariam biß sich auf die Unterlippe: »Nicht so laut, Vater ist gerade erst gestorben, und wir haben einen Gast, wir wollen keinen Ärger. Er kommt, um seine Pflicht zu erfüllen.«

Sie ging und öffnete die Tür.

Meine Mutter faßte unseren Gast am Unterarm und blickte ihn mit einem Blick an, der sagte: »Mach dir keine Sorgen.«

Der Muchtar trat schweren Schrittes ein, atmete tief, begrüßte und kondolierte uns. Seine Worte machten meine Mutter traurig, und Tränen rannen ihre Wangen herunter. Der Muchtar erzählte von Erlebnissen, die er mit unserem Vater gehabt hatte und lobte ihn. Mehrmals erwähnte er dabei seine Gastfreundschaft und Großzügigkeit. Meine Mutter bot dem Muchtar Kaffee an und dankte ihm für seinen Besuch.

»Das ist eine Ehre für mich«, erwiderte er und nahm ein kleines, schwarzes Heft aus der Innentasche seiner Jacke und fragte freundlich mit Blick auf unseren Gast: »Wie lange bleibt denn unser Gast?«

»Wer will das wissen?« fragte meine Schwester, die zwei Schritte vortrat und dem Muchtar einen bitterbösen Blick zuwarf.

»Nimm Vernunft an, wir leben unter der Besatzung.«

»Pfui Teufel!« kam die Antwort meiner Schwester, und sie verließ das Zimmer.

Der Muchtar blickte ängstlich um sich, als ob er beobachtet würde, schlug sich aufs Knie und sagte: »Das ist nur eine Formsache.«

»Sie ist unser Gast, nicht der der Besatzer«, erwiderte meine Mutter verärgert. »Dadurch, daß die Besatzer einen Namen mehr registrieren, werden sie selbst nicht weniger. Ich garantiere dir, daß unser Gast den Besatzern nichts tut.« Ihr Kommentar brachte alle zum Schweigen. Der Muchtar legte seine Hände auf die Knie, senkte seinen Kopf und saß da, als verstände er kein arabisch. Meine Schwestern und meine Mutter blickten sich nachdenklich an, als ginge ihnen etwas Wichtiges im Kopf herum.

Für mich war es schön zu sehen, daß meine Mutter und meine Schwestern in den zehn Jahren, die ich sie nicht mehr gesehen hatte, unverändert geblieben waren. Ich stellte fest, daß auch ich mich noch als ihr Gast fühlte und darauf vertraute, daß sie alles zu meiner Zufriedenheit erledigten.

Die Stimme des Muchtars lenkte meine Aufmerksamkeit auf ihn: »Wollt ihr revolutionieren? Wie ihr wollt, doch das ist ein sehr mühsamer Weg.«

»Andere zu besatzen, ist genauso mühsam«, fiel ihm meine Mutter ins Wort.

»Ihr wißt, daß, wenn ich es nicht bin, der ihren Namen in Erfahrung bringt, das Militär es sein wird!« sagte er einlenkend, steckte sein Heft wieder ein und stand auf. Meine Mutter bat ihn, sich noch einmal zu setzen. »Ich schwöre, Im Ibrahim«, beruhigte er meine Mutter, »das ist wirklich nur eine Formsache. Sie wollen nur wissen, bei wem sie wohnt. Dessen Fingerabdruck würde ihnen schon reichen!«

»Warum wollen sie das wissen?« fragte meine Mutter.

»Dies ist eine Besatzung, und sie ergreifen ihre Vorsichtsmaßnahmen.«

»Meinetwegen gebe ich dir meinen Fingerabdruck, wenn uns dafür der Besuch der Militärs erspart bleibt.« Meine Mutter drückte ihren rechten Daumen zuerst auf das Stempelkissen und danach auf ein Formular. Der Muchtar dankte ihr und verabschiedete sich.

»Heute gibt es ein ganz leckeres Maklubi«, sagte meine Mutter an unseren Gast gerichtet. Ich übersetzte und fragte meine Freundin, ob sie zuschauen wollte, wie das Lämmchen geschlachtet werde. Meine Mutter wünschte sogar, daß sie als Ehrengast über das Lämmchen steige.

Unser Gast schaute verwirrt und sagte: »Nein.« Wobei sie den Kopf schüttelte.

Meine Mutter verstand sie und fügte hinzu: »Ich schaue auch nicht gerne zu.«

Die Almanía, wie sie später genannt wurde, öffnete ihren Koffer und verteilte die Geschenke: Röcke und Unterwäsche für meine Schwestern, Jeans und Hemden für meine Brüder, Bettwäsche für alle. Meine Mutter küßte alle Geschenke dreimal, legte sie sich auf den Kopf und küßte den Gast. Sie legte zwei Hemden beiseite und sagte: »Das ist für den Bäcker. Er fragte, wann der Gast kommt. Morgen lassen wir dort unser Kräuterbrot backen, und der Gast kann ihm das Geschenk für seine Hilfe geben.«

Der Schäfer kam hinzu, begrüßte den Gast, und ich sah, wie er neugierig auf die Geschenke starrte.

Meine Mutter reichte der Almanía ein Hemd, damit sie es dem

Schäfer mit dem Wort »tafatal« gebe. »Schukran!« antwortete er, küßte das Geschenk und schaute nach oben mit den Worten: »Allah möge die Besatzung für immer verschwinden lassen.«

Die größte Freude für meine Mutter war – wie ich es mir gedacht hatte –, daß sie die Seife allen alten Frauen im Dorf zeigen und sie daran riechen lassen könnte.

Diese wunderten sich wie erwartet: »Im Ibrahim, einen so kostbaren Gast wünscht man sich.«

Meine Mutter antwortete: »Ohne meinen Augapfel Wadi hättet ihr das nicht gerochen.«

Nachdem die Geschenke verteilt waren, fragte meine Freundin, ob sie meiner Mutter in der Küche helfen könnte. Sie sah, daß die Frauen viel zu tun hatten. Eine Schwester saß zwischen zwei großen Milchtöpfen, um Joghurt vorzubereiten, eine andere mistete bei den Schafen aus, eine dritte spülte das Geschirr.

»Das kommt nicht in Frage. Das wäre schlimmer als Vaters Tod. Was sagen die Leute, wenn der Gast unser Geschirr spült! Sie kam als Gast von weither, doch nicht um zu spülen.«

Wir saßen im Hof zu zweit auf einem kleinen Hocker, und die Lämmchen umringten uns. Sie ziepten und leckten an allem, was ihnen in die Quere kam. Zwei Katzen lauerten vor der Tür zur Feuerstelle, ab und zu miauten sie und zogen den Essensgeruch ein.

Meine Mutter hockte auf einem kleinen Holzscheit und befreitete die Löcher der Kocher, durch die das Gas strömte, mit einer feinen Nadel, damit die Flammen größer und heller wurden. Auf dem einen Kocher stand der Topf, in dem Fleisch mit einer Zwiebel gekocht wurde. Die Zwiebel entgiftete das Fleisch und machte es schmackhaft. Auf dem anderen Kocher briet der Blumenkohl, der zwei Stunden lang in Salzwasser gelegen hatte. Die ersten Stücke, die meine Mutter angebraten hatte, legte sie uns auf eine Scheibe Brot, mit einem Stück frischer Tomate, Sumak und Oliven garniert. Sie brach das Brot in zwei Teile und gab es uns mit dem ihr eigenen sanften und liebevollen Blick. Ich küßte ihre Hand. Meine Freundin blickte meine Mutter an, als ob sie es nicht glauben könnte und streichelte ihr über die Wange. Die beiden tauschten glückliche Blicke aus.

Unterdessen schöpfte meine Mutter den Fleischsud mit der einen Hand ab, mit der anderen briet sie weiter den Blumenkohl. Nachdem es keinen Schaum mehr gab, rieb sie etwas Muskat und Curry in das Fleisch und kochte es solange, bis es gar war. Danach holte sie die Zwiebel heraus. Das Fleisch kam zum Abkühlen in ein Sieb und die Flüssigkeit in eine Schüssel. Meine Mutter schnitt ein Stückchen Fleisch ab und probierte es. Mit einem zufriedenen Blick nahm sie sich den Reis vor, der seit drei Stunden in lauwarmem Wasser lag, wusch ihn, schüttete ihn in ein Sieb und stellte ihn neben das Fleisch. Dann griff sie nach den Kichererbsen, die die ganze Nacht in Wasser gelegen hatten, und stellte sie neben sich. Anschließend holte sie den Kochtopf aus Aluminium, der speziell für »Maklubi« gebraucht wurde. Sie rieb ihn mit Margarine ein, legte zu unterst eine dünne Schicht Reis, dann Blumenkohl mit Kichererbsen und darauf ein bißchen Fleisch. Danach folgte eine dicke Reisschicht, eine Schicht Fleisch und eine Schicht Kichererbsen mit Blumenkohl. Zum Schluß wurde alles mit Reis bedeckt. Meine Mutter steckte einen Löffel in den Reis und goß so viel von der Fleischbrühe darauf, bis der Löffel kurz davor war umzukippen. Genau das ist das Maß für die Flüssigkeit. Curry, Safran, Pfeffer und Salz kamen oben drauf, und danach wurde alles zugedeckt. Sobald es anfing zu kochen, wurde die Flamme niedriger gestellt und zwischen Topf und Deckel ein Handtuch gelegt.

Nun fing meine Mutter an, eine Joghurtsoße zu machen: Joghurt mit kleingeschnittenem Knoblauch und etwas Salz. Wären wir nicht da gewesen, hätte sie sich dabei mit Selbstgesprächen unterhalten. Nun aber fragte sie uns nach Almaniya und der deutschen Küche. Unsere Almanía lachte und erzählte ihr, daß bei uns viele aus Kochbüchern kochen.

Meine Mutter glaubte ihr das nicht und lachte: »Die Almanía hat einen süßen Humor!« Meine Mutter hob den Deckel ab, probierte ein wenig davon und sagte: »Schon fertig!« Sie ließ auf der oberen Schicht ein paar Butterflocken zergehen und rief Mariam. Mariam kam mit einem Tablett, machte die Flamme aus, hob Tablett und Topf in die Höhe und drehte beides so, daß das Tablett auf ihrem Kopf stand. In dieser Stellung ging sie zum Jasminbusch, rief: »Maklubi ist fertig« und stellte Tablett und Topf wieder auf die Erde. Wir ließen alles stehen und liegen und beeilten uns, zum Essen zu kommen.

Dem Gast wurde der Ehrenplatz auf einer erhöhten Matte zugewiesen. Jeder bekam einen Löffel gereicht. Meine Mutter suchte die Fleischstücke aus dem Essen und legte jedem ein Stück hin. Natürlich bekam der Gast zwei Stückchen. Wir aßen alle mit großem Appetit.

Nach dem Essen nahmen wir die Lämmchen und gingen zum Olivenhain. Wir blieben dort bis Sonnenuntergang und aßen grüne Mandeln mit Salz, die dem Gast überhaupt nicht schmeckten. Es war das erste Mal, daß meine Freundin grüne Mandeln sah. Eine Überraschung für sie war, daß an diesem Nachmittag ein Lämmchen geboren wurde. Für uns war diese Geburt ein gutes Zeichen, besonders, weil ein weibliches Lämmchen zur Welt kam, was bedeutet, daß der Gast Glück bringt.

Die Schreie der Mutterschafe riefen uns schließlich nach Hause. Dort durfte unser Gast meinen Schwestern und meiner Mutter beim Melken zusehen, ein Privileg, das nicht jedem Gast zuteil wurde. Die Freundschaft, die die Almanía bereits mit dem Hund geschlossen hatte, machte sie sichtbar ruhiger.

An diesem Tag beeilten sich alle, früher als sonst mit der Arbeit fertig zu werden. Sie wußten, daß heute Abend die alten Frauen aus dem Dorf kommen würden, um ihre Neugierde zu stillen.

»Der Gast muß sich duschen«, sagte meine Mutter und bat Mariam, heißes Wasser zu bereiten.

Ich mußte dem Gast zeigen, wie man sich bei uns duscht. Man setzt sich auf einen Hocker, neben dem ein Eimer mit kaltem Wasser und ein leerer Eimer steht. Beide haben eine unterschiedliche Farbe. Auf dem Kocher steht der Kessel mit heißem Wasser. Es gibt zwei Schöpfkellen, eine große und eine kleine, mit denen man das heiße und das kalte Wasser im leeren Eimer mischt. Mit selbstgemachter Olivenseife und einem Naturschwamm seift man sich dann ein. Meine Mutter hatte für den Gast auf die rauhe Seite des Schwamms einen weichen Stoff genäht, damit er nicht die Haut reizte. Anfangs war der Gast ein wenig befremdet, und wir schließlich auch, nachdem er zwei Stunden beim Duschen zugebracht hatte.

Im Haus bereitete meine Mutter inzwischen die Sitzgelegenheiten vor. In die Mitte stellte sie einen Tongrill, auf dem Tee in einer alten goldfarbenen arabischen Kanne gekocht und Eßkastanien gegrillt wurden.

Meine Mutter ließ unseren Gast ihr schönstes und ältestes arabisches Kleid anziehen: schwarz, mit roten und blauen Handstickereien verziert, dazu ihren weißen Schal.

Kurz bevor die Besucherinnen kamen, mußte sich die Almanía auf den Ehrenplatz setzen, der etwas erhöht war. Sie sah so schön aus, daß meine Mutter sagte: »Ich hoffe, daß heute nicht die bösen Augen kommen.« Und warf ein paar Reiskörner um die Almanía.

Wenige Minuten später klopfte es an der Tür. Meine Mutter sprang mit einer großen roten, mit Obst gefüllten Schüssel im Arm von der Küche ins Wohnzimmer und stellte sie neben meine Freundin. Die Besucherinnen traten ein, begrüßten unseren Gast, setzten sich im Halbkreis um die Almanía und betrachteten sie erstaunt. Einige blickten auch verstohlen auf den Koffer, der oben auf dem Schrank lag.

Meine Mutter erfaßte auf einen Blick, was sich in den Köpfen dieser Frauen abspielte. Sie sah aus, als hätte sie sich längst auf alle neugierigen Fragen vorbereitet. Meiner ältesten Schwester ging es ebenso. Meine Brüder durften dagegen nicht dabeisein, und ich nur, weil ich übersetzen sollte – natürlich nur das, was meine Mutter wollte.

Eine alte Frau fragte: »Warum ist unser Gast so ruhig, kann sie nicht sprechen?«

Meine Mutter antwortete ein wenig spöttisch: »Da haben Sie kein Glück, unsere Sprache jedenfalls spricht sie nicht.«

»Schade«, sagte die Frau enttäuscht.

Eine andere meinte: »Sie hat schöne Haare, darf ich ihre Haare anfassen, Im Ibrahim? So helle glatte Haare habe ich noch nie angefaßt.«

»Hast du gewaschene Hände?« fragte unsere Mutter.

Die nächste meinte daraufhin: »Sei so barmherzig, wie wir dich kennen. Laß uns auch etwas von dem Gast abhaben! Wir haben dazu wohl nicht allzu viel Zeit. Wie lange bleibt sie denn hier?«

»Sie ist gerade erst gekommen, denk nicht schon an ihre Abreise«, wies meine Schwester sie zurecht.

Eine kleine nette Frau sagte: »Vielleicht würde es eurem Gast auch unter unserem Feigenbaum gefallen.«

»Wir wissen nicht, ob sie dazu Lust hat.«

Die »Almanía« sagte nichts, blickte aber immer dann besonders aufmerksam in die Richtung, aus der gesprochen wurde, wenn sie das Wort »Almaniya« hörte.

»Wann feiern wir denn Wadis Hochzeit? Eine so hübsche Braut verdient ein großes Fest, und man wünscht sie sich als Schwiegertochter.«

Das waren die Worte der Frau mit der langen Nase, vor der sich meine Mutter am meisten in acht nahm.

»Alles zu seiner Zeit, ihr werdet früh genug davon hören.«

Die Alte aber ließ nicht locker und versuchte, mehr herauszubekommen: »Verlobt sind sie aber noch nicht, wie ich an ihren Fingern sehe.«

»In ›Almaniya‹ gibt es das nicht mehr, das ist dort altmodisch«, konterte meine Mutter und setzte sich näher an den Gast, berührte ihn zart und bot ihm einen geschälten Apfel an.

Während die Gäste den Kaffee tranken, fragte die Frau mit der langen Nase: »Haben die Gäste gestern im neuen Haus alleine geschlafen?«

Meine Mutter antwortete ärgerlich: »Du kannst ja nachts gut sehen.«

Die Frau mit der langen Nase schob die Hände plötzlich nach vorn, schüttelte kurz den Kopf wie ein Hahn vor dem Krähen und erwiderte meiner Mutter: »Augenärzte verdienen an mir keinen Piaster!«

»Nicht mehr lange«, bemerkte meine Schwester aus der Ecke des Zimmers und trat näher.

»Das Licht war aber heute die ganze Nacht an. Ich lüge nicht.«

Meine Mutter sagte an sie gerichtet: »Du bleibst immer die gleiche. Bevor du ein Ei ißt, möchtest du wissen, wer es gelegt hat. Immerhin ist es mein Sohn Wadi, zu dem die Eltern der Almanía ein so großes Vertrauen haben, daß sie ihm ihre einzige Tochter mitgaben. Das ist meine gute Erziehung.«

Meine Schwester nahm den Besen und fing an zu fegen. Für

die Neugierigen war es das Zeichen, daß sie schlafen wollte. Meine Freundin atmete tief durch und begegnete meinem Blick mit einem erleichterten Lächeln. Sicher merkte sie, daß auch wir, nachdem die alten Frauen gegangen waren, aufatmeten. Sie nahm sich einen goldgelben Apfel und aß ihn genüßlich.

»Sakie«, sagte sie.

Meine Mutter klatschte vergnügt in die Hände und schob ihr die Obstschale zu. »Iß, soviel du willst und tue dir etwas Gutes.«

»Wo gibt es solche Äpfel? Wo kann man sie kaufen?« flüsterte meine Freundin mir zu.

»Sag das nicht zu laut, sonst müssen wir heute Nacht draußen schlafen«, antwortete ich. Ich hatte ganz vergessen, daß meine Mutter kein Deutsch versteht. Als Gast etwas zu kaufen, das wäre für meine Mutter die größte Beleidigung gewesen. Ich versicherte unserem Gast, daß das meiste Obst, das wir hatten, aus Tauschgeschäften kam. In unserem Haus stand ein Sack, der bis zum Rand gefüllt war. Ich erklärte unserem Gast: »Ein Freund unseres Vaters, der Schafsmist als Dung gegen Obst und Gemüse tauscht, hat ihn für dich hierher gebracht, noch bevor du angekommen warst.«

Plötzlich rief meine Mutter laut: »Mariam, Mariam, gehe morgen früh zum Obsthändler und besorge uns von dieser Sorte ein paar Kilo.« Sie zeigte auf den Apfel, den der Gast aß.

Mariam schaute sich den Apfel an und antwortete zweifelnd: »Mütterchen, wir sind nicht seine Kunden.«

Mutter entgegnete schroff: »Was heißt hier, wir sind nicht seine Kunden? Wieso? Reicht es nicht, einen Gast aus Almaniya zu haben, um uns seine besten Äpfel zu verkaufen?«

»Du weißt, Mütterchen, daß er diese Äpfel für Ärzte und andere Kunden zurückhält, von denen er jeden Preis verlangen kann, ohne daß sie handeln.«

Die älteste Schwester verfolgte, wie es ihre Art ist, das Gespräch sehr genau. Sie drohte mit dem Zeigefinger und erhob ärgerlich ihre Stimme: »Sag ihm, daß er von uns für seine 1. Klasse Kunden keinen Joghurt mehr bekommt, wenn wir nicht von seinen besten Äpfeln bekommen.«

Mariam und meine Mutter neigten ihr die Köpfe neugierig zu, als wollten sie noch mehr von meiner ältesten Schwester hören.

Man konnte ihnen ansehen, daß sie die Idee ausgezeichnet fanden.

»Raus, ihr Männer«, befahl Mutter auf einmal energisch, »wir gehen jetzt schlafen. Der Gast muß sich nun umziehen!«

Ich blieb, doch meine beiden Brüder gingen ohne Widerrede hinaus. Der jüngere schaute etwas traurig, und ich vermutete, daß er die Liebe seiner Mutter etwas vermißte, seit der Gast bei uns war.

»Mir ist es draußen zu kalt, ich bleibe hier«, sagte ich leise, doch so, daß es meine Mutter hörte.

»Seit du aus Almaniya zurück bist, steckst du deine Nase ganz schön viel in Frauenangelegenheiten. Hast du das in der Schule dort studiert? Oder sind die deutschen Frauen so geduldig und hauen euch Männern nicht auf die Finger?« fragte meine Mutter.

Ich umarmte sie und schmunzelte: »Du bleibst immer die alte, Jamma!«

Sie drückte mich zärtlich aber bestimmt von sich, und so ging ich auch nach draußen und leistete meinen Brüdern beim Teetrinken Gesellschaft.

Wir saßen zufrieden bei den Schafen im Hof auf einer Bank, beobachteten den Mond und hörten dem Kauen der Tiere zu.

Am anderen Morgen wurde der Gast mit einem Glas frischgepreßtem Orangensaft geweckt. Meine Freundin schaute verwundert, und meine Mutter merkte, daß es ihr peinlich war. Sie umarmte sie wie immer, um sie zu beruhigen. Danach nahm meine Mutter einige Geschenke, die der Gast mitgebracht hatte, und ging mit diesen und dem Gast zum Bäcker. Dort frühstückten sie frisches Kräuterbrot, und der Bäcker lieferte uns danach jeden Tag ein neues, das die Almanía besonders gern aß, vor allem mit Joghurt. Zwei meiner Tanten brachten ihr auch oft Blumen, und andere Leute aus dem Dorf machten ihr zahlreiche Geschenke. Eine alte Frau schenkte ihr ein wertvolles, handgearbeitetes Hochzeitskleid ihrer Mutter, das so schön war, daß der Gast sich anfangs weigerte, dieses Geschenk anzunehmen. Unsere Besucherin bekam auch Halsketten, Tücher und andere traditionelle Geschenke, doch immer wieder war es ihr unangenehm.

»Warum machen mir die Leute so viele Geschenke?« fragte sie mich.

»Daran siehst du, wie gastfreundlich unsere Mutter ist. Auf diese Weise zahlen die Leute ihre Schulden zurück. Du bietest eine gute Gelegenheit, dies zu tun.«

Meine Mutter gab allmählich ihre Prinzipen auf, und unser Gast durfte ihr ab und zu in der Küche helfen oder mit einer meiner Schwestern auf den Markt gehen, um dort Joghurt zu verkaufen. Eine nette Nachbarin konnte meine Mutter sogar dazu überreden, unseren Gast zum Mittagessen einladen zu dürfen.

»Auf Maklubi kannst du dich verlassen!« empfahl meine Mutter der Nachbarin. »Die Almani mögen Maklubi.«

Die Nachbarin antwortete überglücklich: »Das hatte ich mir auch schon überlegt und auch schon vorbereitet.« Sie klopfte meiner Mutter auf die Schulter: »Ohne Im Ibrahims Joghurt aber ist es kein richtiges Maklubi.«

Unser Joghurt war über unser Dorf hinaus bekannt. Er wurde aus bester Schafsmilch hergestellt. Maklubi – mit unserem Joghurt zubereitet – war eine Köstlichkeit. Besonders beliebt war er, wenn jemand hohen Besuch zum Essen eingeladen hatte.

»Rauchen und Kaffee mag sie nicht!« setzte meine Mutter ihre Empfehlungen fort. »Achte darauf, daß ihr niemand zu nahe kommt, besonders nicht die neugierigen Männer.«

»Keine Angst«, antwortete die Nachbarin, »du kannst dich auf mich verlassen. Mein Alter sitzt den ganzen Tag in der Sonne und raucht Wasserpfeife. Er tut keiner Fliege etwas zuleide. Außerdem ist sie mein Gast. Es stimmt schon, daß wir arm sind, doch für Gäste ist unsere Tür immer geöffnet. Ja, das ist mein Reichtum.«

Meine Mutter schaute ihr wissend in die Augen und sagte: »Da hast du den richtigen Gast gefunden!«

Wißbegierig erwiderte die Nachbarin ihren Blick. Meine Mutter setzte sich in stolzer Haltung auf und fuhr fort: »Seit sie unser Haus betreten hat, fließt die Milch nur so aus den Eutern der Schafe.«

Die Nachbarin klopfte meiner Mutter wiederum auf die Schulter und sagte bewundernd: »Das ist Allahs Belohnung für Im Ibrahims Liebenswürdigkeit.«

Danach fragte die Nachbarin meine Mutter über jede Kleinigkeit aus: was meine Freundin bevorzuge, welche Süßigkeiten sie möge und ob sie sich nach dem Essen ausruhe.

»Schlafen lieber nicht. Das wird zu spät, wir leben hier unter der Besatzung, und ich möchte, daß sie früh zurückkommt.«

Beim Wort »Besatzung« verfinsterte sich das Gesicht der Nachbarin. Sie hielt die Hand auf die Brust, breitete die Arme aus, schaute zum Himmel, verfluchte die Besatzer und wünschte ihnen die Pest an den Hals.

»Amen«, fügte meine Mutter hinzu. Dann tranken sie ihren Kaffee. Ich merkte, daß sie ihn schnell tranken, und meine Mutter bat die Nachbarin nun, ihr aus dem Kaffeesatz zu lesen. Die Nachbarin wollte jedoch aufbrechen und vertröstete sie auf das nächste Mal, nicht ohne hinzuzufügen: »Wenn die Besatzer bis dahin das Weite gesucht haben.«

Vor der Haustür drückte meine Mutter der Almanía einen geschälten Apfel in die Hand und gab ihr einen Abschiedskuß.

Die Almanía blickte mich verwundert an: »Wohin schickt sie mich? Ich will bei ihr bleiben.«

Ich lachte und sagte: »Nur zwei Stunden. Du bist bei der Nachbarin eingeladen. Mariam holt dich früh genug ab.«

Mariam, der Gast und die Nachbarin verließen das Haus, der Gast in der Mitte, Mariam links und die Nachbarin rechts eingehakt. Der Gast blickte sich nach meiner Mutter um, die noch lange winkend vor der Haustür stand, bis sie die drei nicht mehr sehen konnte.

Ich nahm meine Mutter von hinten in den Arm und drückte sie mit den Worten: »Was machst du, wenn sie uns verläßt?«

Sie wandte sich um und blickte mich erstaunt an, als sähe sie mich zum ersten Mal und wollte wissen: »Vermißt du mich? Fühlst du dich in letzter Zeit von mir vernachlässigt?«

»Von deiner Liebe kann ich nicht genug bekommen, Mütterchen«, sagte ich lachend.

»Seitdem die Almanía zu Besuch ist, habe ich das Gefühl, nicht 16, sondern 17 Kinder zu haben«, sagte sie und schloß mich fest in ihre Arme.

Wir gingen zusammen unter den Jasminbusch und setzten uns. Sie bat mich, ihr Kamm und Olivenöl zu bringen, damit sie sich ihre Haare kämmen konnte. Das war genau das, was ich besonders gern an ihr beobachtete. Während sie sich kämmte, unterhielten wir uns über Almaniya. Wie aus heiterem Himmel forderte sie mich auf, ihr von der Gastfreundschaft in Almaniya zu erzählen. Als erfahrener Mensch, der schon zehn Jahre dort lebte, dachte sie sicher, könnte ich ihr viel Wissenswertes mitteilen.

»Erzähl mir mehr über dein Leben in der Fremde, ich lechze nach Neuigkeiten.«

Ihre Frage versetzte mich in Unruhe, und mir war, als stellte sie mir eine unlösbare Aufgabe. Ich schaute mich um, als ob ich die Antwort irgendwo vor unserer Haustür finden könnte.

»Nur ein bißchen«, unterbrach sie meine Gedanken, »wir haben Besuch, und ich mache mir Sorgen, ob er sich wohlfühlt.«

»Keine Sorge, Mütterchen, deine Gastfreundlichkeit entehrt dich nicht bei unserem Gast.«

Ich bat sie, sich weiter zu kämmen.

»Aber von der Gastfreundlichkeit der Almani möchte ich auch noch etwas lernen«, wiederholte sie ihre Bitte und legte den Kamm neben sich.

Ich nahm den Kamm in die Hand und kämmte mein Haar, ließ mich wie sie auf dem Boden nieder und sagte dann: »Weißt du, Mütterchen, wenn in Almaniya ein Fremder im Bus fährt, setzt sich keiner neben ihn.«

Sie antwortete bewundernd: »So höflich sind sie bei euch, sie wollen die Gäste nicht stören! – Doch«, sagte sie plötzlich nachdenklich, »selbst wenn sie sich nebeneinander setzten, warum sollte der eine den anderen stören?«

»Ich verspreche dir, Mütterchen, ich werde es ihnen von dir ausrichten.«

»Gut«, entgegnete sie und klopfte mir auf die Schulter. »Erzähle mir von der Nachbarschaftshilfe! Wie wird ein ausgeliehener Teller zurückgebracht?«

»Voll, sehr voll«, sagte ich.

»Oh, eine solche Gastfreundschaft läßt mir die Haare zu Berge stehen.«

»Nicht nur dir, mir auch«, entgegnete ich.
Daraufhin drohte sie mir mit dem Zeigefinger: »Ich kenne dich, du magst Süßigkeiten über alles, bestimmt holst du den geliehenen Teller sofort ab, wie du es schon früher getan hast.«
Plötzlich unterbrach meine Mutter das Gespräch: »Mariam, Mariam, geh und schaue nach der Almanía, mein Auge zuckt, ich glaube, irgendetwas ist nicht in Ordnung.« Sie blickte auf den Schatten an der Mauer, um zu sehen, wie weit fortgeschritten die Zeit war.
»Keine Sorge, Mütterchen, für Abwesenheit gibt es immer einen Grund«, antwortete Mariam und ließ die Teller stehen, setzte sich ihr Kopftuch auf und machte sich auf den Weg zu den Nachbarn.
»Beeile dich«, rief ihr meine Mutter hinterher. »Und komm zurück, bevor uns die Besatzer wie Hühner in den Stall treiben.« Sie wartete vor der Haustür. Nachdem einige Zeit verstrichen war, hörte ich, wie meine Mutter plötzlich rief: »Sie kommen, sie kommen!«
Der Gast rannte an uns vorbei und sofort zur Wasserleitung und mußte sich dort erst einmal übergeben. Meine Mutter schrie vor Schreck und rief uns alle zusammen. Die älteste Schwester schimpfte wutentbrannt auf die Nachbarn, da sie glaubte, sie hätten der Almanía schlechtes Essen serviert. Meine Mutter bat meine Schwester, sofort zu den Nachbarn zu gehen, um bei ihnen nachzufragen, was unser Gast gegessen hätte und rief ihr noch hinterher: »Frag, auch, ob die Frau mit den ›bösen Augen‹ dort war.«
Nachdem meine Freundin alles erbrochen hatte, setzte sie sich neben meine Mutter, die nun wollte, daß ich alles übersetzte, was vorgefallen war. Ich erfuhr von ihr, daß sie drei volle Teller Maklubi gegessen hatte. Sie hatte es nicht geschafft, nein zu sagen. Obwohl sie den Teller immer ganz leer gegessen hatte und dachte, die anderen verständen, daß sie satt sei, füllten sie ihr den Teller immer aufs Neue.
Ich lachte und sagte: »Am besten hättest du ein bißchen auf dem Teller gelassen. So dachten sie, daß du noch hungrig seist und füllten ihn immer wieder.«
Meine Mutter schwor bei Allah, daß sie nie wieder zu irgend-

welchen Nachbarn als Gast geschickt würde. Die übrigen Tage blieb die Almanía in der Nähe meiner Mutter und durfte ihr beim Kochen und Joghurtmachen zuschauen und ihr auch manchmal helfen.

Am letzen Tag packte meine Mutter die Geschenke für unseren Gast ein. Jedes Geschenk wurde in einen farbigen Lappen gewickelt: ein kleiner Teppich, ein Schaffell, ein Korb, Gewürze, Kräuter, Tücher, ein Hochzeitskleid. Der Gast beobachtete sie stumm und traurig.

»Bestimmt wird das Gepäck zu schwer, wenn du so weitermachst«, warnte ich meine Mutter.

Sie ließ sich davon nicht beeindrucken und meinte: »Sag ihr, das sind die Gastgeschenke.«

Dann sollte ich unseren Gast fragen, was er sich heute, am letzen Abend wünsche.

»Hier bei ihr zu bleiben«, antwortete meine Freundin.

Als ich das meiner Mutter übersetzte, lachte sie stolz.

Unser Gast erzählte, daß sie jetzt gerne mit dem israelischen Touristenführer sprechen würde, den sie gleich bei ihrer Ankunft auf dem Ben-Gurion Flughafen in Tel Aviv getroffen hatte, um ihm von den Menschen in den besetzten Gebieten zu erzählen.

»Araber fressen Blonde«, hatte er sie an jenem Tag gewarnt.

Früh am nächsten Morgen kam das Dorftaxi. Als der Chauffeur sah, wie unser Gast beim Abschied weinte, lachte er, faßte sich an seinen Schnurrbart und sagte: »Ich habe gewonnen, wußte ich doch, daß sie weinen wird!«

Meine Mutter versprach ihm einen besonders großen Joghurt, wenn er den Gast sicher zum Flughafen brächte. Er küßte ihre Hand, sie segnete ihn, und er versicherte meiner Mutter, daß er solange dort bleiben würde, bis das Flugzeug am Himmel verschwunden wäre. Meine Mutter holte Sesambrot mit Käse als Proviant. Es reichte für den Chauffeur, den Gast und eine meiner Schwestern, die den Gast dorthin begleitete. Für den Flug gab sie meiner Freundin zwei extra Päckchen: eines für ihre Eltern, die sie vom Flugzeug abholen würden, und eines für den, der im Flugzeug neben ihr sitzen würde.

Nachdem wir Abschied von unserem Gast genommen hatten – ich selbst blieb noch ein wenig bei meiner Familie – und das Taxi aus dem Dorf fuhr, saß meine Mutter traurig unter dem Jasminbusch und fragte mich: »Glaubst du, daß es der Almanía hier gefallen hat? Oder haben wir etwas für sie vergessen?«

»Weißt du Mütterchen«, sagte ich im Spaß. »Du hast ihr Brot für ihren Nachbarn im Flugzug mitgegeben, damit er nicht neidisch wird, doch vielleicht sitzt sie zwischen zwei Leuten.«

Sie schaute mich an, schlug die Hände ineinander und klagte: »Was sagen jetzt die Almani über uns! Wir sind nicht gastfreundlich!«

Ich umarmte sie mit den Worten: »Sie werden dir verzeihen.«

Über die Genügsamkeit

Ein Weiser wurde gefragt, worin der Unterschied zwischen dem König der Tiere und dem König der Menschen liege. Darauf gab er die Antwort:

»Der Unterschied liegt in der Genügsamkeit. Wenn der König der Tiere, der Löwe, satt ist, hat er kein Bedürfnis nach mehr. Er ist ruhig und zufrieden. Den König der Menschen hingegen kann man weder zu den Satten noch zu den Hungrigen rechnen. Er besitzt sehr viel, und je mehr er besitzt, desto hungriger und habgieriger wird er. Sein Motto ist: Besitz, Besitz, Besitz. Und das Ergebnis ist: Hunger, Hunger, Hunger. Sein Besitz bleibt geheim. Er selbst weiß oft nicht mehr, wieviel er besitzt – dafür bleibt ihm keine Zeit. In einigen Ländern, so hat man festgestellt, gab es die meisten Hungrigen, wo der König am reichsten war. Deshalb nannte man ihn auch den König der Hungrigen, und diese Gewohnheit wurde über Generationen hinweg weitergegeben. Im Ausland aber zeigen sich jene Könige besonders gerne mit all ihrem Prunk, um den Eindruck zu erwecken, ein reiches Land zu regieren, das doch das Land der Hungrigen ist.«

Kafka

Im Namen Allahs, des Allbarmherzigen. Man erzählt sich, daß ein großer Scheich vor langer Zeit sein Land von den ungerechten und willkürlichen Kolonialisten zurückgewonnen hatte. Mein Freund war bei ihm, er hat ihn näher gekannt und wußte viel über ihn zu erzählen, denn er war sein Untertan und hat ihm des öfteren Gesellschaft geleistet.

»Der Scheich«, so begann mein Freund, »war reich an Macht und Herrlichkeit. Kämpfte er, so war er der erste, der den Waffenstillstand anerkannte. Eroberte er das Gebiet der Gottlosen, so raubte er nur die schönsten blonden Frauen für seinen Harem. Bat ihn jemand um Almosen, so war er freigiebig. Hob er mit anderen gemeinsam das Glas, so war er der erste, der trank und der letzte, der betrunken wurde. Mit großer Bereitschaft, Klugheit und Liebe zur Wissenschaft versprach er seinen gläubigen Analphabeten, sie vom kolonialistischen Erbe zu befreien. Seine Untertanen, Opfer kolonialistischer Volksverdummung, waren ihm seither hörig, und er war ihnen ein sanfter Herrscher.

›Gepriesen sei er‹, sagten alle, denn es herrschte eine große Willkür darin, wer seinem Stamm angehörte. Der Scheich gab sich selbst als Stammesältestem den Posten des Ministers für Bildung und Erziehung. Seine Mission verbreitete sich wie ein Lauffeuer im ganzen Land. Volkserzähler und Heiratsvermittler aus dem Morgenland kamen an seinen Thron, und nachdem sie den Boden zu seinen Füßen geküßt hatten, erzählten sie Geschichten und überreichten ihm Geschenke. Wie man von seinem Zelterzähler unter der Hand erfuhr, wurde dabei allerdings auch so manches Geschäft eingefädelt.«

An dieser Stelle unterbrach ich meinen Freund, denn ich wollte um alles in der Welt wissen, was er mit dem Scheich erlebt hatte. Er lächelte vielsagend und fuhr fort: »An einem Freitag begab ich mich nach dem Mittagsgebet in seinen auserlesenen Kreis. Wir fanden uns in einem Zelt ein, das ausschließlich für wissenschaftliche und die Kultur betreffende Streitgespräche vorgesehen war. Vor dem Zelteingang empfingen uns die Wächter des Scheichs. Ihre Häupter waren mit goldverzierten Turbanen bedeckt, und ihre Körper dufteten nach Zimt, Moschus und Amber. Erhaben saß der Scheich auf seinem Thron und spielte mit seiner Gebetskette. Zu beiden Seiten saß ein Derwisch, und hinter ihm standen seine Leibwächter. Nachdem wir uns begrüßt und Platz genommen hatten, unterhielten wir uns und trugen unsere Sorgen vor.

Plötzlich trat ein junger Mann ein. Sein Gesicht war von Kummer gekennzeichnet. Unter seinem rechten Arm trug er ein dickes Heft, und hinter einem Ohr steckte ein Stift. Er klemmte sein Heft zwischen die Knie, erhob seine Arme, richtete sich vor dem Scheich auf und sprach: ›Heil sei Dir, Freund der Gläubigen und der Wissenschaft.‹ ›Auch Dir sei Heil‹, erwiderte der Scheich und bat ihn, Platz zu nehmen. ›Was habt Ihr auf dem Herzen?‹ Der junge Mann atmete tief durch und überreichte ihm das Heft mit den Worten: ›Das ist das Buch *Amerika* von Kafka. Ich habe es, wie es Euer Wunsch war, übersetzt.‹ Wie aus einem Mund riefen wir: ›Allah ist groß!‹ Der Scheich gab einem seiner Derwische einen Wink. Dieser nahm das Heft entgegen und überreichte es dem Scheich.

Der Scheich sah es genau an, wendete es einige Male hin und her, wog es in der Hand, schlug eine Seite auf und hielt sie gegen das Licht. Dabei flüsterte er seinen Derwischen, mal nach links, mal nach rechts etwas ins Ohr, als erwartete er eine Antwort von ihnen. Sodann bedankte er sich bei dem jungen Mann im Namen der Wissenschaft und des internationalen Kulturausschusses. Er wiederholte mehrmals einige seiner altbekannten Sätze, die seine politischen und antikolonialistischen Strategien erkennen ließen. ›Die Dummheit schließt ein Bündnis mit den Kolonialisten, doch die Wissenschaft ist eine Waffe gegen sie.‹ So lautete eine seiner Äußerungen. Der Scheich pries aber auch das große Amerika und lobte seinen weisen Entschluß, jenes Buch *Amerika* des berühmten Schriftstellers Kafka übersetzt haben zu lassen – ist doch Amerika in unser aller Herzen.

Leider weht der Wind nicht immer aus einer Richtung. ›Wie Ihr sicher wißt‹, wandte sich der Scheich plötzlich an den Übersetzer, ›gibt es eine strenge Sitte, daß bei Übersetzungen, Kopien und Zitaten um Erlaubnis zur Veröffentlichung seines Werkes der Autor gefragt werden muß. Dies entspricht der Ehrlichkeit und Treue, zu der wir uns verpflichtet fühlen. – Habt Ihr Herrn Kafka um Erlaubnis gefragt, ob er mit der Übersetzung einverstanden ist?‹

Es verschlug mir die Sprache, und im Zelt breitete sich Schweigen aus. Keiner wagte etwas zu sagen, bis der Übersetzer antwortete: ›Gnädigster Herr der Wissenschaften, Kafka, Allah hab ihn selig, hat uns schon vor mehr als sechzig Jahren verlassen.‹

Der Scheich machte ein sehr trauriges Gesicht und sprach: ›Schade, daß er uns verlassen hat. Aber es war Allahs Wunsch, wir müssen es hinnehmen.‹ Und er ließ die Derwische einige Suren aus dem Koran auf die Seele des Toten rezitieren. Danach wandte er sich dem jungen Mann zu und schlug ihm eine Lösung vor: ›Ich höre, du fährst bald nach England. Mach einen Schlenker über Prag, wo Herr Kafka das Licht der Welt erblickt hat, suche das Oberhaupt des Stammes Kafka auf und hole von ihm eine Übersetzungserlaubnis ein.‹ –

Und jetzt«, wandte sich mein Freund mit seinem letzten Satz noch einmal an mich, »verstehst du, warum es das Buch *Amerika* bis heute nicht in arabischer Sprache gibt!«

Brief eines Esels

Sei gegrüßt, ich wünsche Dir Frieden und küsse Deine unbefleckten Hände! Ich schreibe Dir diese Zeilen, während meine Augen vor lauter Freude weinen, denn nach unbeschreiblicher Mühe hast Du nun endlich die angesehene und hochgestellte amerikanische Staatsbürgerschaft erlangt. Tausendfach gratuliere ich Dir! Du bist wahrlich der Stern unserer Familie, Du bist ihre Blüte und ihre Stütze. Auch gratuliere ich Dir wegen der Namensänderung. Du heißt nun Lawrence statt Ahmed, habe ich erfahren. Deshalb bitte ich Dich, mein Freund, mir Deinen Namen auf einer Kassette zu senden, damit ich lerne, ihn richtig auszusprechen. Denn, wie Du weißt, sind wir Esel dafür berühmt, präzise und getreu zu sein.

Des weiteren will ich Dir sagen, tatkräftiger Freund, daß der 13., also jener Tag, an dem Du die amerikanische Staatsbürgerschaft erlangt hast, in die Annalen der Familie als offizieller Feiertag eingehen wird. Ach, mein liebster Freund, Du, der Du für mich so bedeutend bist wie die Pupille für das Auge, Du, mein Über-Ich, wenn Du wüßtest, wie groß meine Freude über Deine Nachricht war. Alle Esel kamen zu mir, gratulierten und würdigten das Ereignis. Dir zu Ehren machten wir auch ein Fest bis in das Morgengrauen hinein. Als der Muezzin dann zum Dämmerungsgebet »Allah Akbar... Allah Akbar... Das Gebet ist besser als der Schlaf...« rief, schrien, traten und furzten wir, bis wir uns nicht mehr auf den Beinen halten konnten.

Erinnerst Du Dich an unsere wundervollen Tage auf der Weide? Ich, der Esel, war immer entzückt, wenn ich Deine schönen Lieder hörte. Die Melodie Deiner Bambusflöte und die Daluna-Lieder betörten mich. Erinnerst Du Dich, wie ich tanzend und schreiend Deine Lieder begleitete? Du warst auch der einzige, der über mein Schreien entzückt war, obwohl Du ganz genau wußtest, daß der Eselsschrei unbeliebt ist und verflucht wird. Denn Du weißt ja, daß Gott gesagt hat: »Die schlimmste Stimme für mich ist die des Esels.«

Wie schön waren doch die Tage unserer Spaziergänge über die Weiden. Du Schlitzohr hast meinen Rücken mehr als andere Teile von mir geliebt. Ganz unter uns möchte ich Dir jetzt sagen, daß ich auf meinen Rücken sehr eifersüchtig war. Ich bin stolz, ein Esel zu sein. Ich brauche Dir nichts über all die Mühe, die mit unserem Beruf als Lastesel verbunden ist, zu erzählen. Es ist nämlich gar nicht so einfach, ein Esel zu sein. Manchmal war ich müde und wollte ein wenig rasten. Du aber hast mich immer mit Deinen langen Beinen getreten. Oh, wie lang sie doch waren! Ich sollte schneller zur Wasserquelle laufen. Trotz all dieser Härte aber warst Du sanft und barmherzig zugleich. Vergiß bitte den Spruch nicht, weiser Freund: »Die Schläge eines Lieben sind so schön wie Rosinen und seine Steinwürfe so wunderbar wie Granatäpfel.«

Wenn wir dann zur Quelle kamen, war meine Müdigkeit verflogen. Das Flüstern und die Liebeslieder, die über Deine Lippen kamen und die Du an die hübschen Mädchen mit den langen schwarzen Haaren und den dunklen mandelförmigen Augen gerichtet hast, versetzten mich in eine andere Welt. Ich fühlte mich, als flöge ich durch die Wolken, während Deine baumelnden Beine zu Vogelfüßen wurden. Wir flogen gemeinsam durch die Wolken wie Vögel, die ihre Nester suchen. Jetzt will ich an Dich, tatkräftiger Freund, eine Bitte richten, denn es heißt ja: »Freunde bewähren sich in der Not.«

Mein Leben ist nach Deiner Abreise unerträglich geworden. Mit dem technologischen Fortschritt haben wir Esel unsere gesellschaftliche Stellung verloren. Die meisten von uns sterben bei Verkehrsunfällen. Die Parole eines jeden fortschrittlichen Bauern lautet zur Zeit: »Kastration für die Esel.« Man hat neue Methoden entwickelt, um uns zu kastrieren. Das Ganze geschieht natürlich unter dem Deckmantel der Kultur, der Zivilisation und der Moral. Oh, wie groß ist mein Verlangen nach einem zarten Biß in den Nacken einer Eselin, wie groß mein Wunsch, einem Rivalen mein hartes Gebiß zu zeigen. Doch, ich muß Dir die Wahrheit gestehen: Ich meide solche Taten, um nicht Opfer meiner eigenen Taten zu werden und mit Kastration und moralischer Repression bestraft zu werden. Meine Enthaltsamkeit hat also taktische Gründe. Ich will einfach mein natürliches Recht auf Männlichkeit bewahren.

Wir alle sind aus dem gleichen Holz geschnitzt. Obwohl wir verschiedene Gestalt haben, ist unsere Beziehung von ewiger Dauer. Wie die Vögel zueinander finden (oder: wie jeder Topf einen Deckel hat), so verbinden uns die Bürgerrechte. Der Feigenbaum, die Weiden und der Brunnen bezeugen unseren gemeinsamen Weg und unsere Verbundenheit. Als ich gestern unter dem Feigenbaum lag, erinnerte ich mich daran, wie Du früher immer die reifen Früchte gegessen und mir die Reste heruntergeworfen hast. Gott möge es Dir verzeihen... Man sagt ja auch: »Was wissen Esel schon davon, wie man Rosinen ißt.«

Um ganz offen zu sein: Unsere Rechte werden in diesen Zeiten mit Füßen getreten. Die Gesetze, die Großbritannien erlassen hatte, wurden nach der Unabhängigkeit wie vom Winde verweht. Zu meinem größten Bedauern waren es diese verfluchten Engländer, die zur Zeit des Mandats als erste Schutzgesetze für die Esel aufstellten. Die Engländer haben uns also, wenn auch nur theoretisch oder partiell, vom Joch der Unterdrückung befreit. Als unterdrückte Esel tut es uns sehr weh, zugeben zu müssen, daß diese Gesetze wie auch das Gesetz der freien Meinungsäußerung von den ausbeutenden Kolonialisten stammen. Falls Du jene Bestimmungen vergessen haben solltest, hier in Kürze noch einmal die wichtigsten Paragraphen:

§1 Es ist streng verboten, einen Esel zu schlagen.
§2 Einem Esel die Sporen zu geben, wird mit 20 Tagen Haft geahndet.
§3 Es ist streng verboten, einem Esel mehr aufzuladen, als er tragen kann.
§4 Es ist verboten, Menschen mit dem Wort »Esel« zu beschimpfen.
§5 Die Würde einer Eselin zu verletzen, wird mit 100 Pfund Sterling oder einem Monat Haft bestraft.
§6 Freitag ist der Ruhetag für alle Esel.
§7 Esel sind anerkannte Personen. Sie werden offiziell registriert.

§8 Eine Gesellschaft zum Schutz der Esel wird gegründet.
§9 Den Vorsitz dieser Gesellschaft führt Ihre Majestät, die Königin von England.
§10 Die obige Gesellschaft verfolgt humane Ziele. Diese sind auf die Wahrung und den Schutz der Esel in den Kolonien ausgerichtet.
§11 Mitglieder der Gesellschaft können Araber oder Fremde sein. Sie werden per Los angeworben, nach Alter gewählt oder direkt von Ihrer Majestät ernannt.
§12 Nur Ihre Majestät besitzt das absolute und vollkommene Recht, Esel zu verfolgen, mit ihnen in Friedenszeiten zu flirten oder sie in Kriegszeiten zu schlagen.

Die Satzung dieser Gesellschaft, die nach dem Ersten Weltkrieg von den sozial fortschrittlichen und sexuell emanzipierten Staaten der Welt ratifiziert wurde, schließt auch Paragraphen ein, die das Zaum- und Sattelverbot betreffen. Aus diesem Grunde rief die Lage der Esel in den islamischen und afrikanischen Staaten Mitleid und Erbarmen in den Herzen der emanzipierten und rationalen Nachbarn hervor. Die Königin von Großbritannien, die erste Verfechterin der Freiheit und Wächterin der Eselsinteressen, fühlte sich veranlaßt, das Land Antesel zu überfallen und dabei auch Kanonen und Feuer einzusetzen. Langer Rede kurzer Sinn: Die Engländer wollten damals zwischen uns Eseln und Euch Menschen Zwietracht säen. Sie handelten nach dem arabischen Sprichwort: »Füttere den Mund, so drücken sich die Augen zu«, oder nach dem alten europäischen Prinzip des »divide et impera«.

Wie Du weißt, diente unser Lastentragen unter der britischen Herrschaft häufig der Sache der nationalen Bewegung. Wie oft trugen wir nicht Lasten auf dem Rücken, die aus Verwundeten, Munition oder dem Mobiliar eines Hauses bestanden, das gesprengt werden sollte. Auch waren wir, nachdem die Engländer den lokalen Handel mit Salz verboten hatten, am Salzschmuggel beteiligt.

Die Gesetze der Engländer gegen Euch Menschen waren ja noch willkürlicher als die Gesetze, die uns Esel betrafen. Ein Feuergewehr zu tragen, wurde z. B. mit lebenslanger Haft geahndet. Aktive Teilnahme an der Revolution wurde mit 15 Jahren Freiheitsentzug bestraft. Auf das Töten eines Soldaten stand die Todesstrafe... Und das Tragen von fünf leeren Patronen wurde mit sechs Monaten Gefängnis vergolten.

Dein Großvater – Gott möge sich seiner annehmen und ihn im Paradies wohnen lassen – hat – Gott möge ihm vergeben – meinen Großvater sehr schlecht behandelt. Die Richterin der Esel, Nidjma, kann sich an alle Details erinnern. Besonders an jenen verfluchten Tag für meine Familie, mit den schmerzhaften Schlägen, die mein Großvater ertrug, ohne eine einzige Träne zu vergießen. Alles war aber ein Mißverständnis, eine falsche Beschuldigung, die man gegen meinen Großvater erhoben hatte. Es war eine Kurzschlußhandlung... Gott möge den Satan verfluchen.

Es hat alles so angefangen. Mit dem Rest seines Hausrats, den er, als die Engländer sein Haus sprengten, retten konnte, ritt Dein Großvater auf meinem Großvater durch das Land. Unterwegs traf er auf einige Engländer, die Revolutionäre in die Berge verfolgt hatten und geschlagen zurückkamen. Diese schlugen nun ihrerseits meinen Großvater zusammen, den sie beschuldigten, gegen den Absatz sechs des Sykes-Picu-Abkommens verstoßen zu haben, der den Schutz der Esel insbesondere und den der anderen Tiere im allgemeinen beinhaltet.

Dein Großvater war ja Analphabet. Er wußte nichts über die für das Commonwealth gegründete *Royal Society für Esel*. Als Ignorant war er, wie man sagt, »sich selbst ein Feind«. Man fragte ihn: »Kennst Du nicht die königliche Gesellschaft für Tierschutz?« Er schüttelte verneinend den Kopf und zitterte derart, daß die Herzen hätten erweichen und die Augen der Witwen weinen können. Zunächst verlangten sie die Ladepapiere für die Last, die mein Großvater trug. Als Dein Großvater diese nicht vorzeigen konnte, schlugen sie ihn zusammen. Als die Engländer abgezogen waren, schlug Dein Großvater meinen Großvater zusammen und beschuldigte ihn des Verrats und der Kollaboration: »Du blöder Esel, warum hast Du mir nicht erzählt, daß Du Verwandte in London hast.«

Das Wichtigste, was ich Dir aber mitteilen will, Du mein Freund und Augapfel, ist folgendes. Ich habe im Besitz meiner ganzen Sinne beschlossen, zu Dir zu ziehen und bei Dir im herrlichen Amerika zu leben. Wir hören sehr viel über Eure westliche Welt, über die Freiheit und den Schutz der Eselsrechte. Die Esel sollen bei Euch extra Wege haben, sie dürfen sich fortpflanzen und uneingeschränkt vermehren. Den Gerüchten, daß man bei Euch Eselsfleisch ißt, glaube ich einfach nicht, denn unser Fleisch ist ganz zäh und für die Menschen unverdaulich.

Wie ich Deinen Briefen entnehme, soll Amerika eines der sieben Paradiese Gottes sein. Ich brauche nicht zu betonen, daß ich ein edler Esel bin. Nie habe ich irgendjemanden getreten oder die Würde eines Menschen verletzt. Ich glaube deshalb, alle Voraussetzungen zu besitzen, um zu Euch ins Paradies zu kommen.

Bemühe Dich, mein edler Freund. Schicke mir bitte eine Einladung sowie die Auswanderungspapiere und informiere mich über alle Bedingungen für die Erlangung der hochgeehrten amerikanischen Staatsangehörigkeit. Ich habe mich schon in einer Sprachschule angemeldet, lerne fleißig Englisch und schreie inzwischen in einem amerikanischen Akzent, der alle entzückt.

Last but not least, will ich Dir mitteilen, daß Zakeyyas Eselin dahingefahren ist. Die arme Zakeyyah muß jetzt selbst den Gemüsesack auf dem Kopf tragen. Der Esel von Abu Hanna wurde kastriert, nachdem er sein natürliches Recht auf Männlichkeit vor dem Kaffeehaus erstritt. Daraufhin schwor Abu Hanna bei seinem Schnurrbart, ihn zu kastrieren, um, wie er sagte, diese beschämende Rasse auszulöschen.

Bis ich die Auswanderungspapiere erhalte,
schicke ich Dir tausend Küsse.

Dein treuer Esel
Anter

Die Heimkehr

Ein Himmelsgeschenk nannten die Leute seine Heimkehr. Drei Tage und Nächte tanzten und sangen sie, seine Mutter Im Ibrahim und alle Leute im Dorf.

»Gelobt sei Allah, daß ich die Fremden und die Verwandten, die Feinde und die Freunde zu Ibrahims Hochzeit einladen werde«, sagte Im Ibrahim, wenn die Nachbarn sie beim Bäcker nach ihrem Sohn fragten.

»Was bekommen wir, wen Ibrahim nach Hause zurückkehrt?« riefen die Kinder ihr auf der Straße zu.

»Allah sei mein Zeuge, jeder bekommt eine Handvoll Rosinen und Feigen.«

Oh, wie oft hatte sie die Tage an den Fingern abgezählt, bis er endlich zurückkehrte! Ibrahim, ihr einziger Sohn unter zehn Töchtern. Zehnmal hatte sie geerntet, während Ibrahim in der Fremde war. In Almaniya hatte er studiert – was genau konnte sie nicht sagen. Er hatte es ihr des öfteren geschrieben und erklärt, doch sie vermochte es den Leuten nicht richtig zu erzählen – außer, daß er im Krankenhaus arbeitete und irgendwelche Fotografien machte.

Sadije, Allah schütze ihren Mund, hatte das letzte Mal, als sie aus dem Kaffeesatz las, einen weißen Vogel gesehen, der etwas unter seinen Flügeln festhielt und von weither kam.

»Das ist Ibrahims Heimkehr«, sagten beide Frauen wie aus einem Mund. Im Ibrahim versprach Sadije, daß sie ihr ein Kleid kaufen werde, wenn dem tatsächlich so wäre.

Ibrahim, der Heimkehrer, sah alt und dünn aus, und auf seinem Kopf waren die Haare lichter geworden.

Eine alte Frau, die zu Ibrahim kam, um ihn zu begrüßen, meinte: »Das sind sicher die blauen Augen, die ihm die Haare ausgehen ließen!«

Sein Onkel lachte und meinte: »Ein Mensch, der zehn Jahre

studiert und viel gelesen hat, kann keine Haare mehr auf dem Kopf haben!« Sadijeh, die an ihrem Glauben festhielt, trieb ihm die bösen Geister aus, auf daß seine Haare wieder fülliger würden.

Schlank solle die Braut sein, lange Haare und eine Stupsnase haben, und Mandelaugen, so groß wie Pflaumen. Ihr Vater sollte angesehen sein im Dorf wie sein Vater – Friede sei mit ihm!

Wann immer Im Ibrahim von einem schönen Mädchen hörte, machte sie sich mit ihrem Bruder, einem Lämmchen, Zucker und Reis auf den Weg, um um die Hand der Tochter anzuhalten. Schon oft haben sie inzwischen den Kaffee nicht zu Ende getrunken, denn – Im Ibrahim kauft keine Katze im Sack. Es gab immer Gründe, warum die, auf die ihr Blick gefallen war, nicht die Richtige war.

Ibrahim war der einzige und älteste Sohn, und sie mußte die richtige Frau für ihn finden. Der harmlose Ibrahim aber konnte nicht nein sagen. Die Liebe zu seiner Mutter war grenzenlos. So dauerte es dann schließlich doch nicht ewig, bis seine Mutter glaubte, für ihn eine hübsche Frau gefunden zu haben.

Die ältesten Frauen aus dem Dorf nahmen Im Ibrahim zur Familie der zukünftigen Braut mit, damit sie die Familie kennenlernte. Während die Frauen sich unterhielten und ihren Kaffee tranken, fragte die Mutter der Braut: »Was arbeitet Ibrahim, dein Sohn?«

Die Mutter richtete sich stolz auf und sagte: »Ibrahim hat in Almaniya studiert und ein großes Zeugnis mitgebracht. Zehn Jahre hat er uns dafür verlassen!«

»Oh, wie schön, alle Achtung! Haben Sie ihn vor bösen Geistern behütet? Allah beschütze ihn – Allah vergißt seine Gläubigen nicht!« Die Mutter der Braut blickte Im Ibrahim prüfend an. »Und was hat er studiert, wenn ich fragen darf?«

Im Ibrahim schaute etwas entsetzt, rückte ihr Tuch zurecht, band es einmal von vorne, einmal von hinten und rieb sich die Hände. Sie räusperte sich, und es hatte den Anschein, als wüßte sie nicht, was sie sagen sollte. Doch auf einmal sagte sie entschlossen: »Er ist Fotograf.«

Die Mutter der Braut fragte glücklich und interessiert: »Und was fotografiert er?«

»Nun, wenn einer bei der Olivenernte vom Baum fällt und sich dabei ein Bein bricht, dann fotografiert er das Bein.«

Die Gesichter der Zuhörer wurden düster, und die Mutter der Braut bemerkte: »Oh, wie schrecklich, der Ärmste, warum wird sein Bein in solch einer katastrophalen Situation fotografiert?« Dann überlegte sie und sagte: »Doch wievielen Leuten passiert so etwas? Bei uns ist schon lange keiner mehr vom Baum gefallen. Bei so wenigen Unfällen hat er doch keine Arbeit – wie soll er denn da eine Familie ernähren?«

Sie entschuldigte sich bei ihren Gästen und goß keinen Kaffee mehr nach.

Glossar

Abu	Vater; verwendet auch als Teil des Rufnamens oder des Spitznamens. Im Spitznamen drückt *Abu* einen Superlativ aus, z. B. *Abu Majanin,* wörtlich: *Vater der Verrückten,* was soviel heißt wie: der Verrückteste der Verrückten.
Abu Dandule	Vater der Vorhaut
Abu Subur	Vater der Blumen
Allahu akhbar!	Gott ist groß! – Viele Palästinenser sind Christen in einer islamisch geprägten Kultur, und so geschieht es – auch in Wadi Soudahs Geschichten –, daß im gleichen Satz Allah angerufen und das Kreuz geschlagen wird.
Almani	die Deutschen
Almanía	die Deutsche
Almaniya	Deutschland
Elba	Biestmilch, die Milch einer Kuh oder eines Schafes, eine Woche nachdem sie ihr Junges geworfen hat. Diese Milch hat im Unterschied zur normalen Milch einen sehr hohen Fettgehalt und ist deshalb als Trinkmilch und zur Käsezubereitung unbrauchbar. Als Delikatesse wird *Elba* fünf Minuten aufgekocht und mit Zucker bestäubt gegessen. *Elba* ist auch eine beliebte Tauschware.
Habibi	Liebling
Hadschi	Abgeleitet von *Hadsch* (»pilgern«), was soviel bedeutet wie: die 5. Säule des Islam. Wer in die heilige Stadt Mekka pilgert, wird danach *Hadsche* (Pilger) bzw. *Hadschi* (Pilgerin) genannt. Dies sind Ehrenbezeichnungen.
Im	Mutter, Original, Herkunft. Findet auch Ver-

	wendung als Rufname, z. B. *Im Ibrahim,* Mutter von Ibrahim
Intifada	Abgeleitet vom Verb *nafada*, abschütteln, ablehnen. *Initifada* bezeichnet den Volksaufstand der Palästinenser gegen die mehr als 20jährige Besetzung.
Latife	Weiblicher Vorname *die Nette*. Im Arabischen haben Namen üblicherweise eine Bedeutung.
Maklubi	palästinensisches Gericht
Muchtar	Dorfbürgermeister, im Volksmund Wachhund genannt; aufgrund seines Amtes verpflichtet, alles, was ihm zugetragen wird, der Besatzung mitzuteilen.
sakie	es schmeckt
Salam aleikum	Friede sei mit Euch
schukran	danke
shabán	satt
Sumak	säuerlich schmeckendes Gewürz